Carsten Bothe

LEDER NÄHEN

Land & WERKEN

HEEL

HEEL Verlag GmbH
Gut Pottscheidt
53639 Königswinter
Tel.: 02223 9230-0
Fax: 02223 9230-13
E-Mail: info@heel-verlag.de
www.heel-verlag.de

7. Auflage: 2021

Autor: Carsten Bothe
Satz und Gestaltung: gb-s Mediendesign, Königswinter
Coverdesign: Ralph Handmann, Bonn
Lektorat: Helge Wittkopp, Ulrike Reihn-Hamburger

Fotos: Archiv des Autors
Mit Ausnahme von:
© Kais Bodensieck, www.fotodesign-xtrascharf.de: S. 17, S. 19, S. 53/54/55, S. 58, S. 66, S. 77, S. 81/82/83, S. 85
© Fotolia.de: haveseen (U1 u), Eky Chan (U1 M), WoGi (U1 o), 123creativecom (U4 Hintergrund), emevil (S. 4/5), leungchopan (S. 6), Teodora_D (S. 8), Maurizio Targhetta (S. 11), The Tannery in Fez Morocco (S. 12), leungchopan (S.31), Teodora_D (S. 36, S. 38/39), hankimage9 (S. 42), zonch (S. 46), Africa Studio (S. 62, S. 86), javier brosch (S. 80 o), ulkan (S. 92), Scott Sanders (S. 102)

Printed in Slovakia

ISBN 978-3-95843-180-5

Vorwort

Liebe Leser,

ganz gleich, ob Jäger, Reiter, Hundeführer, Bushcraft-Fan oder Pfadfinder, alle nutzen Erzeugnisse aus Leder. Oftmals sind diese aber abgenutzt, müssen repariert oder gar neu gefertigt werden. Leder ist ein natürliches Material und es macht Freude, damit zu arbeiten. Leider gibt es im deutschsprachigen Raum kaum geeignete Literatur, aus der man den Umgang mit Leder erlernen könnte. Ich selbst musste mir – damals noch als Schüler – die grundlegenden Dinge selber beibringen. Jetzt freue ich mich, dass ich dieses Wissen und die Fertigkeiten an Sie weitergeben kann. Leder zu nähen ist sehr einfach und man kommt schnell zu vorzeigbaren Ergebnissen. Zumindest ein guter Gürtel sollte bei einem Anfänger bereits nach einer Stunde fertig sein.

In diesem Büchlein lernen Sie, worauf es bei einer Naht ankommt und können gleich mit einfachen Projekten starten. Damit sollte der Grundstein gelegt sein, um sich im Laufe der Zeit zu dem theoretischen Wissen auch die handwerklichen Fähigkeiten aneignen zu können. Vielleicht kommt dann noch das Punzieren oder das Bemalen von Leder hinzu, sodass aus dem gefertigten Werkstück auch noch ein Kunstwerk wird.

Wenn Sie mit diesem Büchlein gut zurechtgekommen sind oder aber noch Fragen unbeantwortet blieben, dann würde ich mich über einen Rückmeldung von Ihnen freuen, denn dann kann in der nächsten Auflage diese Passage geändert werden.

Herzlichst,

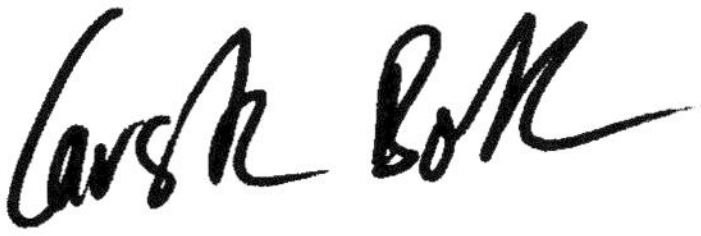

Ihr Carsten Bothe

Inhalt

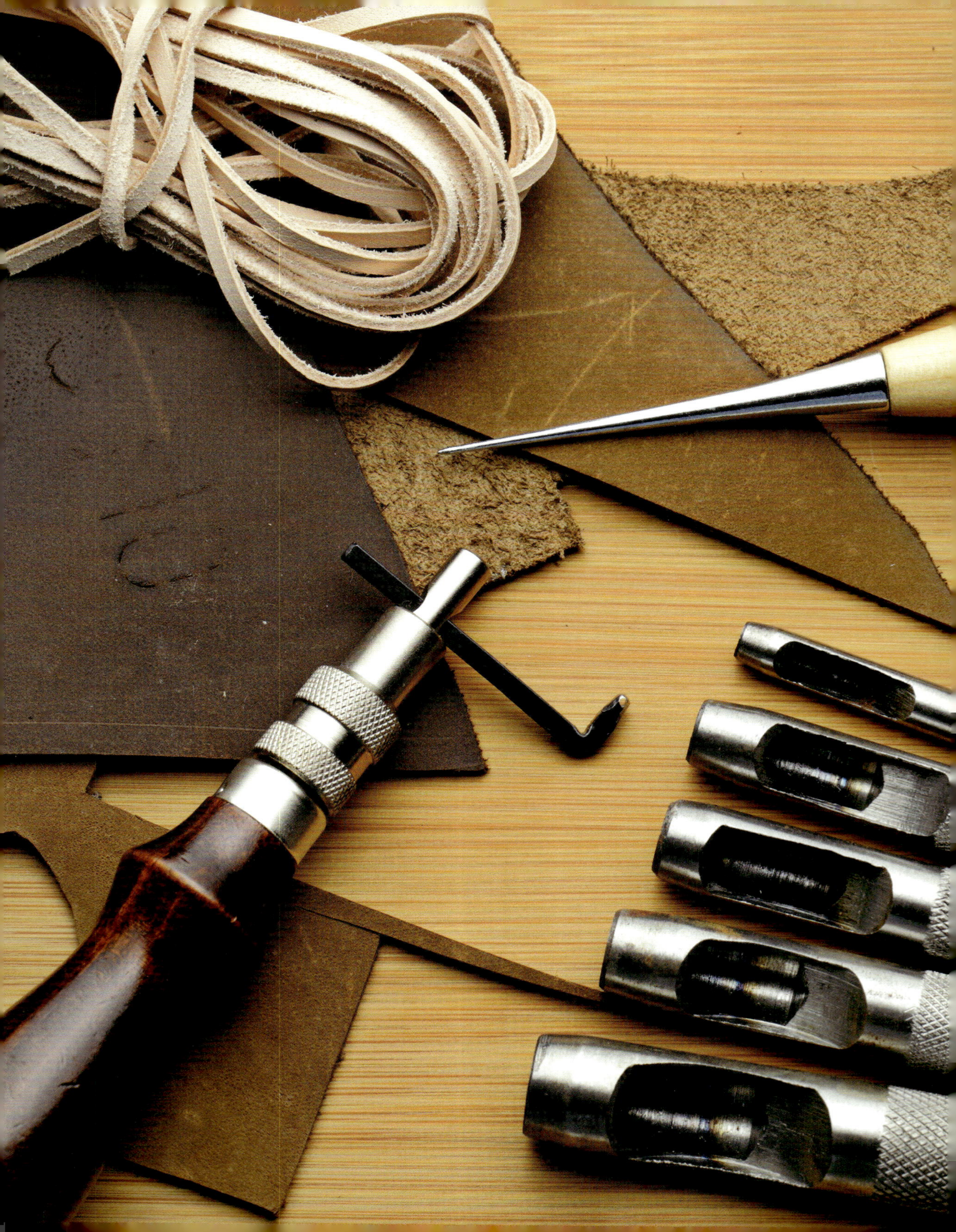

Arbeitsmaterial

Arbeitsplatz und Material

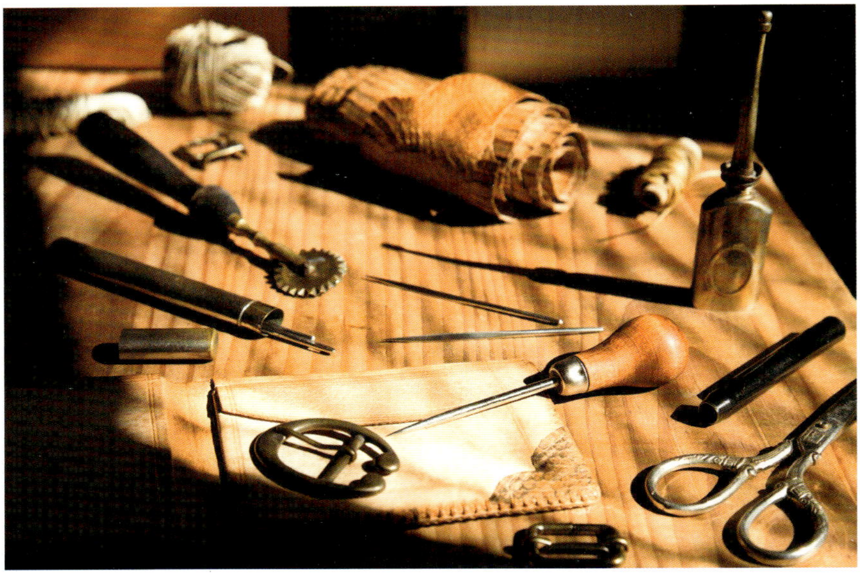

Der Arbeitsplatz

Die meisten Hobbysattler beginnen als Messermacher und versuchen dann in ihrer Messerwerkstatt auch die Lederscheiden zu fertigen. Leider fliegt durch die Schleifarbeiten überall der Schleifstaub durch die Luft und sammelt sich dann auch auf dem Leder. Der Feil- oder Schleifstaub vom Metall verbindet sich dann mit Handschweiß und der Gerbsäure zu unlösbarer schwarzer Eisengallustinte und hinterlässt auf dem Leder dauerhafte schwarze Flecken. Hier sollte man in einem möglichst frühen Stadium des Hobbys die Lederwerkstatt auslagern. So verhindern Sie schlechte Ergebnisse und Enttäuschungen, die durch schlechte Umstände verursacht werden. Leder zu nähen ist eine sehr saubere Tätigkeit, sodass diese durchaus auch „am Küchentisch" durchgeführt werden kann. Zumindest ist das besser, als jedes Mal die Werkstatt komplett durchsaugen zu müssen, bevor es an die eigentliche Arbeit geht.

Leder zu nähen ist eine sehr saubere Tätigkeit.

Als Unterlage benötigen Sie einen stabilen Tisch mit einer sauberen Oberfläche, um das Leder nicht zu verschmutzen. Wer ganze Häute bearbeiten möchte, der sollte einen Tisch mit mindestens 2,5 m Front und 1 m Tiefe verwenden. Zum Schneiden benötigen Sie eine Unterlage, die in Bastelgeschäften erhältlich ist. Es handelt sich dabei um eine grüne Kunststoffmatte, die das Messer nicht abstumpft und bei der sich die Oberfläche nach einem Schnitt wieder schließt. So hat man immer eine glatte Oberfläche zur Verfügung und kann das Leder sauber bis auf die letzte Faser durchschneiden. Für das Ausstechen von Löchern mit Lochpfeifen dürfen diese Unterlagen aber auf keinen Fall genutzt werden, denn diese werden dann sehr schnell ebenfalls gelocht. Für diese Arbeiten eignen sich dicke Abfallhölzer, die entsorgt werden, sobald die Holzoberfläche zu sehr mitgenommen ist. Zum Punzieren wiederum ist eine schwere und glatte Steinplatte ideal, dafür eignet sich beispielsweise eine Marmor- oder Granit-Fensterbank.

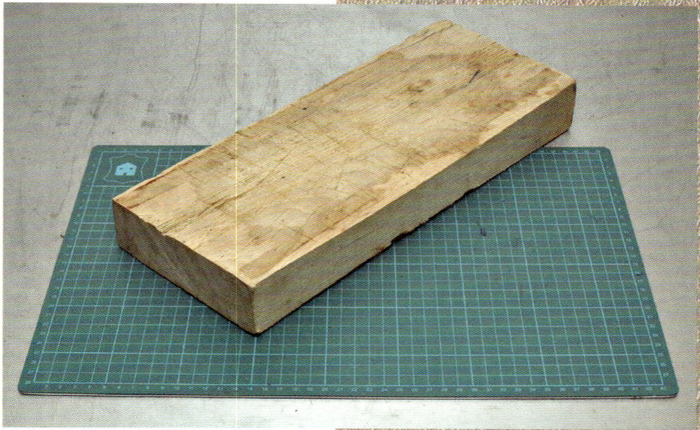

Als Schneidunterlagen benötigen Sie eine grüne „Bastelmatte" aus Kunststoff und ein Stück Abfallholz.

Sollten Sie sich einen festen Sattlerarbeitsplatz einrichten, dann ist das Licht ein wichtiger Faktor. Wenn Sie sich ausschließlich auf Tageslicht verlassen, dann liegt im Nähkloben, konstruktionsbedingt, immer ein Teil des Werkstücks im Dunkeln. Eine ordentliche Neon- oder LED-Röhre mit ausreichend Licht hilft auch beim scharfen Sehen, was gerade beim Einfädeln der Nadeln extrem hilfreich ist. Helle Wände reflektieren das vorhandene Licht und machen somit die Arbeit zum Vergnügen. Gerade bei Hobby-Sattlern, die ihrer Leidenschaft vor allem abends nach der Arbeit sowie im Winter und damit meist nach Sonnenuntergang nachgehen, ist Kunstlicht unumgänglich.

Das Leder

Gerbung und Lederarten

Bei Leder gibt es verschiedene Arten der Verarbeitung bzw. Gerbung: Leder mit Haaren wird als Fell oder Pelz bezeichnet (Pelzgerbung oder Pelzzurichtung). Diese Arten kommen beim Leder-Nähen eher selten vor, da sie in den Bereich der Kürschnerei fallen. Dieses weiche Leder muss mit einer speziellen Kürschner-Nähmaschine verarbeiten werden und es muss zusätzlich auf einen Trägerstoff geklebt werden, da sonst das dünne Leder und die schwachen Nähte beim Gebrauch ausreißen würden.

Bei Leder gibt es verschiedene Arten der Verarbeitung bzw. Gerbung.

Eine Haut, die weder Haare besitzt noch gegerbt wurde, wird als Rohhaut oder Pergament bezeichnet. Die Verarbeitung ist äußerst schwierig und eher unüblich. Lediglich als Material für Flechtriemen kommt Rohhaut gelegentlich noch vor.

Ein Fell ohne Haare und Narbenseite, das mit Öl oder Tran gegerbt und weich gewalkt wurde, wird als Sämischleder bezeichnet. Es wird hauptsächlich für Trachtenbekleidung verwendet. Es kann von guten Industrie-Nähmaschinen wie Stoff verarbeitet werden. Bei langen Nähten wird ein Stoffband aufgeklebt, um zu verhindern, dass das Leder von der Nähmaschine gezogen und verschoben werden kann. Kleinere Stücke, mit denen man einen Beutel oder Mokassins herstellt, können auch von Hand mit einer runden Ahle genäht werden.

Je nach Gerbung ist das Leder mehr oder weniger steif.

Das Material, um das es in diesem Buch hauptsächlich geht, ist Sattel- oder Blankleder. Es besitzt eine Narben- oder Hautseite, lediglich die Haare wurden bereits entfernt. Je nach Gerbung ist das Leder mehr oder weniger steif. Der Fachmann sagt, „es hat Stand", wenn es sich nicht so leicht biegen lässt. Die Oberfläche ist glatt und unterschiedlich stark gefettet oder mit Wachs beschichtet.

Dünne, weiche Häute mit Narbenseite (mit der Haarseite nach außen) bezeichnet man als Nappa-Leder, mit einer aufgerauten Narbenseite als Velourleder. Sie können mit Industrie-Nähmaschinen verarbeitet werden und sind meist chromgegerbt. Diese Gerbung kann aber zur Folge haben, dass in Verbindung mit Feuchtigkeit, wie zum Beispiel Schweiß, ein unangenehmes Trageverhalten erzeugt wird. Außerdem färbt das Leder auch gerne ab.

Wie findet man gutes Leder?

In den letzten 20 Jahren sind Sattler – wie viele Handwerker auch – immer weniger geworden, und damit ebenfalls der Bedarf an gutem Sattelleder. Glücklicherweise wurde dieser Umstand durch das in den letzten Jahren populär gewordene Messermachen, die LARP-Szene oder Bushcraft-Bewegung ausgeglichen. War man vor 20 Jahren noch in der misslichen Lage, bei Sattlerausstattern ausschließlich in großen Mengen kaufen zu müssen, ist heute das Internet voll von Versandhändlern, die auch in haushaltsüblichen Mengen Leder liefern. Ob es sich um das richtige Leder handelt, merkt man sofort, wenn man das Leder anfasst: Es muss leicht speckig durch das richtige Fetten sein und auf jeden Fall muss es vegetabil gegerbt sein. Chromgerbung ist für unsere Zwecke nicht geeignet. Die Lederstücke sollten zwischen 3 und 6 mm stark sein und nicht zu viel „Stand" haben, also nicht zu hart sein. Meist wird bereits in der Produktbeschreibung angegeben, wofür sich das jeweilige Leder eignet. Noch besser ist es, dem Verkäufer – sofern Sie vor Ort die passenden Stücke aussuchen können – zu schildern, was Sie vorhaben und was Sie vom Leder erwarten. Scheuen Sie sich nicht, das Lederstück entweder zu reklamieren oder zurückzusenden, wenn es Ihren Ansprüchen nicht genügt. Sie ärgern sich sonst jahrelang, während das Leder bei Ihnen im Regal liegt und Sie immer wieder darum herum greifen. Die Arbeit lohnt sich nur mit perfektem Leder.

Die Arbeit lohnt sich nur mit perfektem Leder.

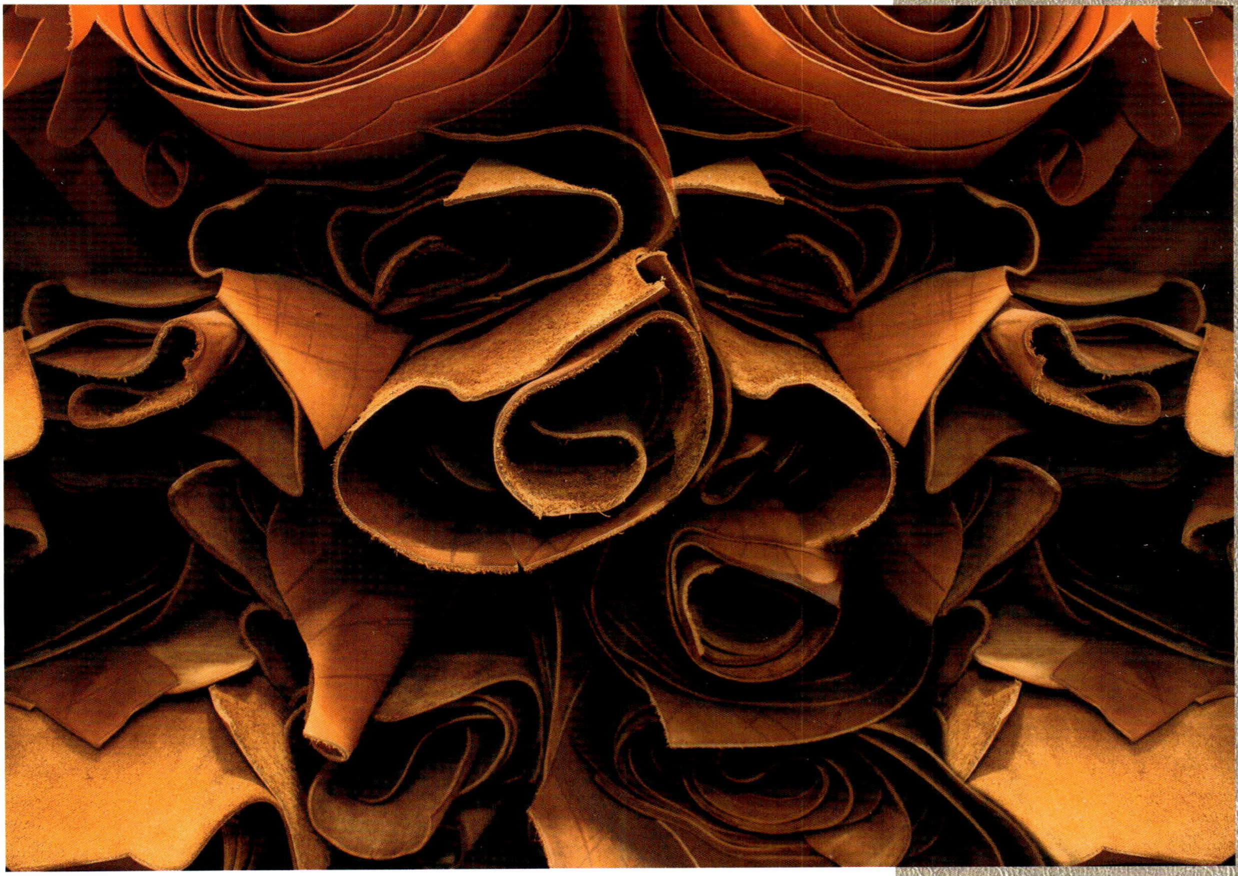

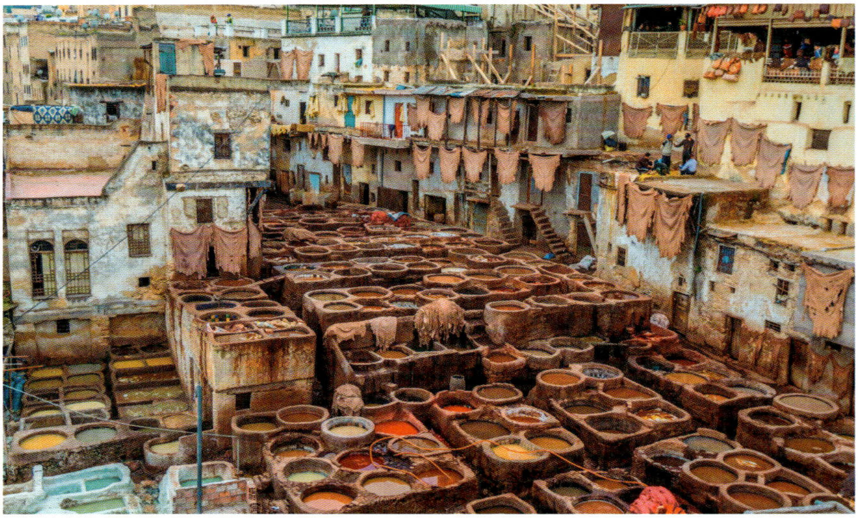

Gürtelzuschnitte können Sie in verschiedenen Breiten, Längen und Stärken bereits fertig kaufen.

Leder ist nur naturfarben – sprich fast weiß – oder leicht eingefärbt in einem hellen Braun interessant. Fertig gefärbte Stücke in den schönsten Neon- oder Papageienfarben sind meist mit sehr viel Chemie behandelt, das ist nicht notwendig. Sie sollten die Stücke selbst beizen und dann mit Lederpflege behandeln, die Färbung können Sie somit steuern und Sie können aus einem Stück hellen Leders auch Werkstücke in mehreren Farben fertigen. Ansonsten müssten Sie jedes Mal eine halbe Haut für viel Geld kaufen, nur um einen Gürtel oder eine Messerscheide daraus zu fertigen.

Gürtelzuschnitte können Sie in verschiedenen Breiten, Längen und Stärken bereits fertig kaufen. Damit können sie mit wenig Geldeinsatz mit der Lederverarbeitung erste Erfahrungen sammeln. (Siehe Seite 64)

Ein besonders geeignetes Leder zur Herstellung von Lederscheiden nach nordischer Art, ist ein relativ dünnes Leder von höchstens 3 mm Stärke, das einen Spieß – eine ungegerbte Lage in der Mitte – besitzt. Dieses Leder wird vor dem Verarbeiten gewässert und zieht sich beim Trocknen etwas zusammen. Damit die Scheide später genau passt, wird entweder ein Holzmodell – der Scheidenleisten – umnäht, oder das in Frischhaltefolie eingewickelte Messer. Das Nähen dieses Leders ist eher mit sämisch gegerbtem Leder zu vergleichen, man verwendet ebenfalls eine gebogene Ahle und Nadeln, weil die beiden Lederkanten auf Stoß oder im Knick vernäht werden. Das ist aber etwas für Profis und sprengt den Rahmen dieses Buchs.

Der Faden

Natürliches und künstliches Material

Beim Thema „Leder nähen" wird der Faden oft sträflich vernachlässigt. Dabei ist er ebenso wichtig wie das Leder selbst, denn eine gute Naht hält ebenso lange wie das Leder. Als Nahtmaterial finden viele künstliche und natürliche Materialien Verwendung. Künstliches Material wie beispielsweise Blumen- oder Messingdraht für schlechte bzw. Not-Reparaturen, sowie Kunstsehne, Nylonfäden und anderes. Bei den natürlichen Nahtmaterialien kommen echte Tiersehnen, Rohhaut, Lederriemen und Fäden aus pflanzlichen Materialien zu Anwendung.

Fäden aus pflanzlichen Fasern sind für eine handwerklich saubere Naht die beste Wahl. Leider ist es heutzutage noch immer schwierig, an das richtige und vor allem ausreichend dicke Material zu kommen. Auch wenn viele Fäden aus natürlichem Material angeboten werden, sind diese selten nach traditioneller Art verdrillt, sondern auf modernen Maschinen geflochten. Das hat den Nachteil, dass Sie diese nicht am Ende anspitzen und kunstgerecht auf eine Nadel auffädeln können. Auch bestehen die Fäden meist aus Baumwolle, die nicht so strapazierfähig ist wie beispielsweise Hanf oder Leinen.

Beim Thema „Leder nähen" wird der Faden oft sträflich vernachlässigt. Dabei ist er ebenso wichtig wie das Leder selbst, denn eine gute Naht hält ebenso lange wie das Leder.

Gedrehter und geflochtener Faden

Geflochtene Fäden – auch als Forellenfäden bekannt – sind an ihrer Oberfläche glatter und gleichmäßiger als gedrehte Fäden, daher lassen sie sich besser mit einer Nähmaschine verarbeiten. Mit einer starken Lupe erkennen Sie sofort das Flechtmuster. Wenn Sie einen Zentimeter des geflochtenen Fadens zwischen Daumen und Zeigefinger nehmen und diesen gegenläufig drehen, bleibt er dennoch zusammen. Der gedrehte Faden hingegen spaltet sich beim Drehen in die verschiedenen Stränge auf.

Der Nachteil aller geflochtenen Fäden – ganz gleich ob künstlich oder natürlich – ist, dass sie sich nicht richtig anspitzen lassen. Dadurch liegt der Faden im Nadelöhr in der doppelten Stärke an, sodass das Loch im

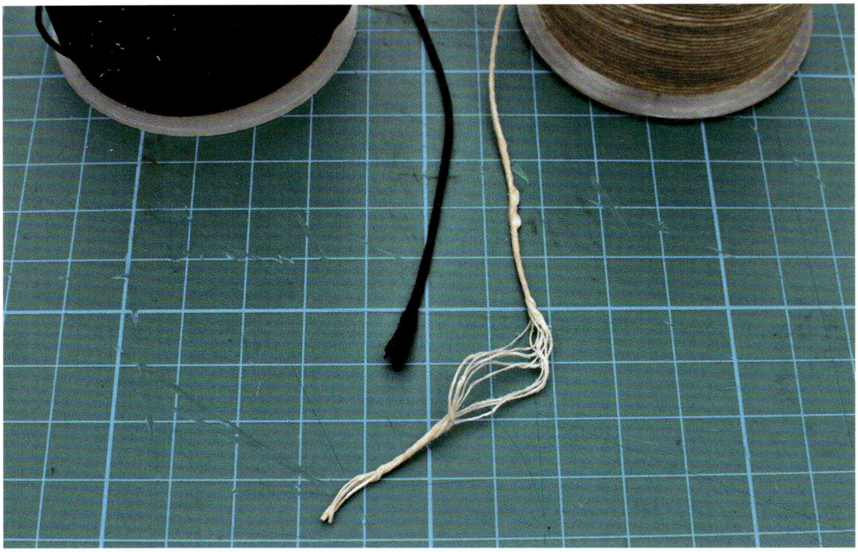

Der linke Faden besteht aus verflochtenen Einzelfäden, der rechte Faden ist gedreht und lässt sich einfach in Einzelfäden aufdrehen und auch anspitzen.

Leder unnötig groß gestochen werden muss. Besonders bei den zwei Stichen zurück, zum Abschluss der Naht, ist so etwas sehr störend. Ein sauber angespitzter Faden hingegen ist im Öhr nicht viel dicker als der Rest des Fadens. Davon abgesehen ist Leder – besonders in der pflanzlich gegerbten Form – ein natürliches Material, das sich mit einer Pflanzenfaser, eingerieben mit Baumharz und Bienenwachs, am besten verträgt. Die Verarbeitung von hochwertigem Leder mit einer handwerklichen Naht funktioniert nur mit dem passenden Nahtmaterial.

Tipp

Raue Fäden mit vielen abstehenden Fasern können Sie mit einem Feuerzeug oder einer Lötlampe absengen.

Messerbesitzer versuchen häufig mit Drähten eine durchgeschnittene Naht an der Spitze der Scheide zu flicken, in der Hoffnung, dass das Messer dann nicht mehr durchsticht. Der Grund für die Beschädigung ist aber nicht etwa schlechtes Nahtmaterial, sondern eine falsche Konstruktion der Scheide. Metall hat als Nahtmaterial an Leder grundsätzlich nichts zu suchen, daher ist die Besprechung dieses Materials auch schon abgeschlossen.

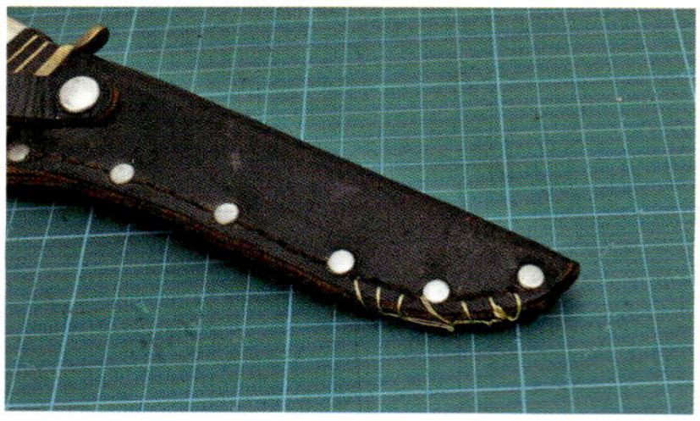

Bei einem Flohmarktfund schön zu sehen: „Reparatur" mit Draht.

Eine Kunstsehne ist eine Art Faden, die aus einem flachen, gewachsten Plastikstreifen besteht, der in viele dünne, parallele Fasern aufgespalten werden kann. So ist man in der Lage, die jeweils benötigte Stärke abzuziehen. Eine künstliche Sehne wird beispielsweise bei der indianischen Perlenstickerei verwendet, da sie sehr haltbar und reißfest ist. Bei Glattleder kommen Kunstsehnen seltener zur Anwendung als bei sämisch gegerbtem Leder für Bekleidung.

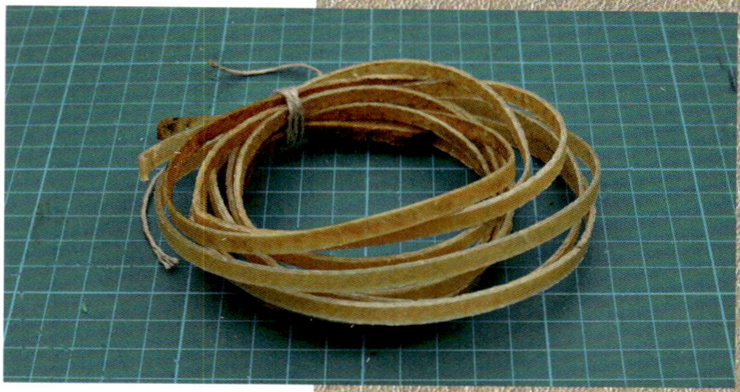

Rohhaut zum Nähen ist nicht nur schwierig zu erwerben, sondern außerdem ein Material für Spezialisten.

Rohhaut ist für das Vernähen von Sattelbäumen oder stark beanspruchten Teilen von Sätteln vorgesehen. Sie kann aber auch für Messerscheiden oder Holster verwendet werden. Das Material ist sehr steif und starr. Karl May schrieb, dass es die Indianer nass gemacht hätten, um damit Gefangene zu fesseln; beim Trocknen ziehe sich das Leder dann zusammen. Diesen Effekt können wir aber beim Nähen nicht nutzen, weil das Leder dadurch fleckig würde. Um Rohhaut zu verarbeiten, wird sie über eine scharfe Kante gezogen und dadurch geschmeidig gemacht. Dabei wird sie weißlich und ist nicht mehr so durchscheinend. Mit genug Lederfett gelingt das Nähen dann relativ problemlos. An Kurven müssen die Stiche enger gesetzt werden, damit die Überlappung immer noch gleichmäßig aussieht. Die Arbeit lohnt sich aber, denn überlappend genähte Rohhäute können kaum durchscheuern. Rohhaut wird nicht für normale Nähte verwendet, sondern nur für umnähte Kanten. Da passende Riemen sehr schwer zu bekommen sind, hat dieses Material kaum Verbreitung in Deutschland gefunden.

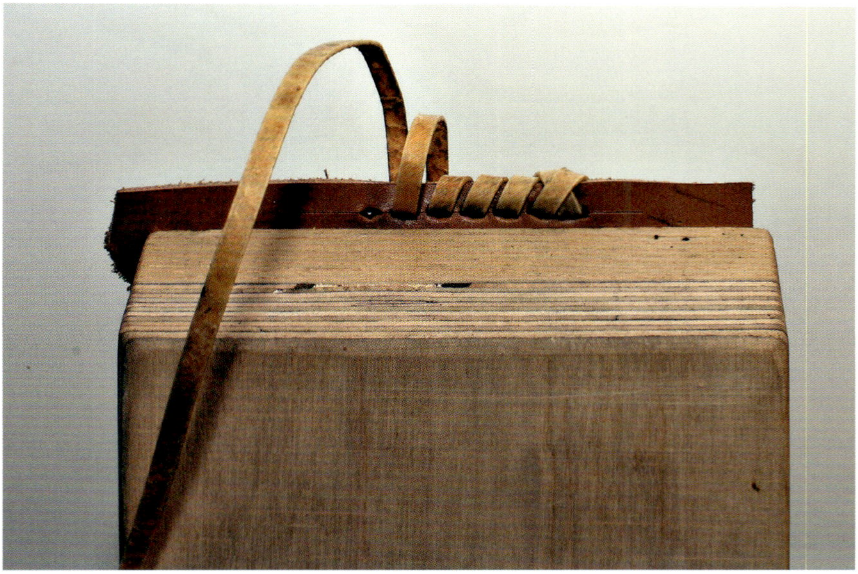

Beim Nähen mit Rohhautriemen werden die Stiche parallel zur Lederkante gesetzt.

Um Rohhaut zu verarbeiten, wird sie über eine scharfe Kante gezogen und dadurch geschmeidig gemacht.

Rohhaut ist das traditionell verwendete Material für die handgeflochtenen Cowboy-Lassos, die Lariat genannt werden.

Polyesterfäden sind rund geflochten, sehr reißfest und in den schönsten Farben zu bekommen. Gerade bei Anfängern erfreuen sie sich großer Beliebtheit, auch wenn sie sich nicht richtig anspitzen und auf Nadeln auffädeln lassen. Die Enden werden nach dem Verknoten mit einem Feuerzeug verschmolzen, sodass der Knoten nicht mehr aufgehen kann. Polyesterfäden nehmen Wachs und Pech nur sehr schlecht an.

Lederriemen als Nahtmaterial finden häufig bei punzierten Westernholstern und -sätteln Verwendung, bei denen die Kanten nicht nur vernäht, sondern durch die Flechtoptik gleichzeitig auch verziert werden. Das Nähen mit Lederriemen ist nicht einfach, sondern eine Kunst für sich. Ein ungleichmäßiger Lochabstand und unsauberes Arbeiten fällt hier sofort auf. Außerdem scheuert ein Lederriemen schnell durch und die Naht hält dadurch nicht so lange wie eine Naht mit Garn.

Gewachste Zahnseide wird häufig als geeignetes Nahtmaterial für Leder angepriesen, was es aber definitiv nicht ist, weil es viel zu dünn ist. Sicherlich lassen sich damit Notreparaturen durchführen, aber für die Neukonstruktion von Lederwaren sollten Sie auf vernünftiges Nahtmaterial zurückgreifen. Inzwischen wird im Internet eine Menge gutes Material angeboten.

Vorbereiten des Fadens

Einen Naturfaden zum Nähen vorzubereiten, ist eigentlich ganz einfach, nur ist dieses Wissen kaum bekannt.

Einen Naturfaden zum Nähen vorzubereiten, ist eigentlich ganz einfach, nur ist dieses Wissen kaum bekannt. Nach dem Motto „langes Fädchen – faules Mädchen" schneiden Sie eine Armspanne plus etwa eine Handbreit Faden ab. Später werden an beide Enden des Fadens Nadeln angebracht. Zunächst können Sie bei einem besonders rauen Faden die überstehenden Fasern mit einem Feuerzeug absengen, dann werden die beiden Enden des Fadens angespitzt. Dazu zieht man ein Ende unter der Klinge des Ledermessers durch, wobei es auffasert und ausgedünnt wird. Es sollten etwa drei Fingerbreit aufgefasert werden, was dann aus-

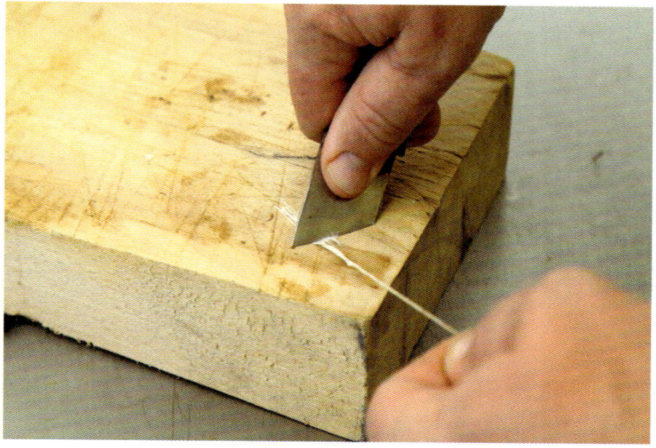

Schneiden Sie eine ausreichende Länge Faden ab. Dann drücken Sie die Klinge des Schustermessers auf die letzte Handbreit Faden und ziehen diesen unter der Klinge durch. Dabei soll nur etwas Material von den Fasern abgeschabt werden.

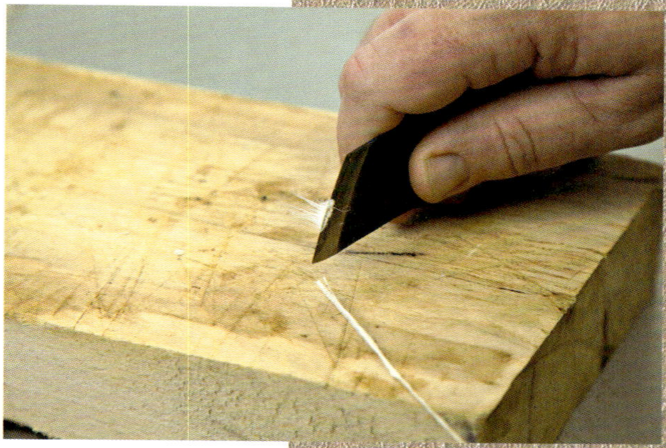

Die abgeschabten Fasern bleiben an der Klinge hängen. So wird der Faden angespitzt.

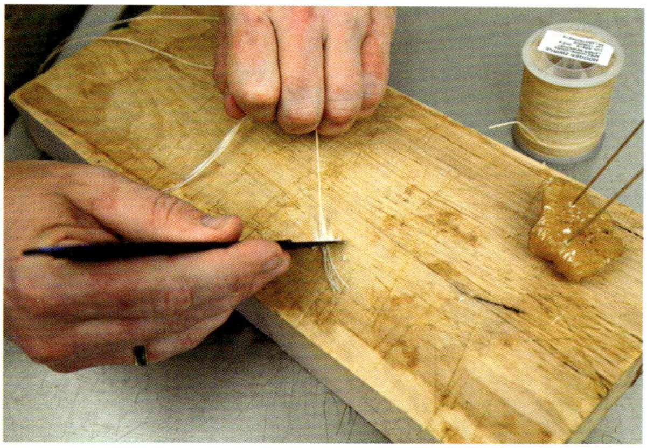

Mit dem anderen Ende verfahren Sie ebenso.

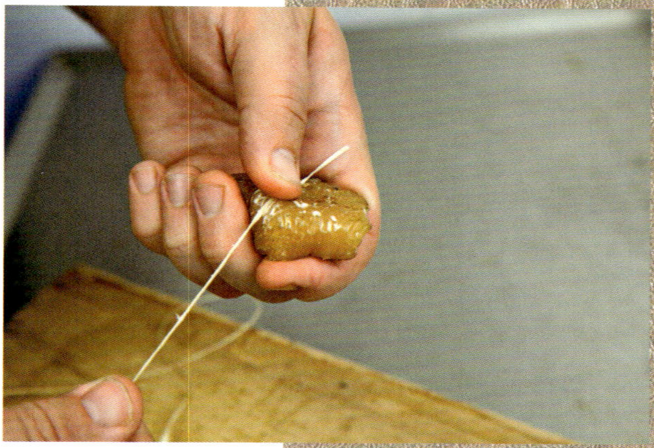

Ziehen Sie die Enden mehrmals durch einen Klotz Wachs.

sieht wie ein Fächer. Verfahren Sie ebenso mit dem anderen Ende des Fadens. Jetzt wird der gesamte Faden ausgiebig mit Pech eingerieben, dazu hängen Sie ihn an einen Nagel an der Wand oder einen Haken am Werktisch und reiben schnell mit einem Klotz Pech über den Faden, sodass die Reibungshitze das Pech weich werden lässt. Es imprägniert den Faden und verklebt die Naht im Leder. Wechseln Sie den Kontaktpunkt am Nagel, sodass Sie auch den Mittelteil des Fadens einreiben können. Abschließend ziehen Sie die beiden Enden durch das Pech und spitzen dabei die Enden an. Jetzt ist der Faden sehr klebrig, sodass er sich nur noch schwer durch das Leder ziehen lässt. Um ihn wieder etwas geschmeidiger zu machen, wiederholen Sie das Ganze mit einem Klotz Bienenwachs. Sie können auch spezielles Sattlerwachs verwenden, das bereits eine Mischung aus Pech und Bienenwachs enthält, hier reicht eine einmalige Behandlung des Fadens. Danach sollten Sie einen perfekt imprägnierten und nähfertigen Faden vor sich haben.

Nun fehlen nur noch die Nadeln: Früher wurde eine Schweineborste eingearbeitet, heute nimmt man entweder Stahlborsten (dünner Stahldraht, der gefaltet und an 4/5 der Länge zusammengelötet ist) oder Sattlernadeln mit einer stumpfen Spitze. Zwirbeln Sie den Faden eine Handbreit vom angespitzten Ende entfernt in der Mitte auseinander, sodass Sie ihn mit der Spitze der Nadel durchstechen können. Dann verdrillen Sie den Faden wieder und öffnen den Faden ein weiteres Mal, etwa einen Fingerbreit von der ersten Stelle entfernt, sodass Sie die Nadel auch hier hindurchstechen können. Fädeln Sie das spitze Ende des Fadens in das Nadelöhr und ziehen Sie es heraus. Jetzt befindet sich der Faden im Öhr und die Nadel hat ihn zwei Mal durchstochen. Halten Sie die Nadel am Schaft fest und ziehen Sie das lange Ende vom Faden nach oben über das Öhr hinweg, sodass das angespitzte Ende von den Schlaufen – die durch das Durchstechen des Fadens entstanden sind – erfasst wird. Das hört sich komplizierter an als es ist. Orientieren Sie sich einfach an den Bildern. Der Faden ist auf diese Weise fest mit der Nadel verbunden und kann nicht mehr herausrutschen. Weiterhin hat er durch das Ausdünnen keinen dicken Übergang, sondern kann leicht durch das Loch im Leder rutschen. Eine dicke Schicht Bienenwachs hilft beim späteren Nähen. Pech ist nicht notwendig, denn das erste Stückchen Faden an den Nadeln wird nicht für die Naht genutzt, sondern dient als Griff, um den Faden strammzuziehen. Die Enden werden zum Schluss abgeschnitten und weggeworfen.

Die Nadeln dienen lediglich dazu, das dünne Ende vom Faden durch die Löcher im Leder zu fädeln, gezogen wird ausschließlich am Faden, der aus diesem Grund lang genug sein muss. Man rechnet mit der achtfachen Nahtlänge plus der Zugabe für die Enden, die zum Festziehen notwendig sind.

Tipp

Halten Sie genug Nadeln bereit, denn oftmals braucht man nur eine kurze Naht mit acht bis zehn Stichen, für die sich ein frischer Faden nicht lohnt.

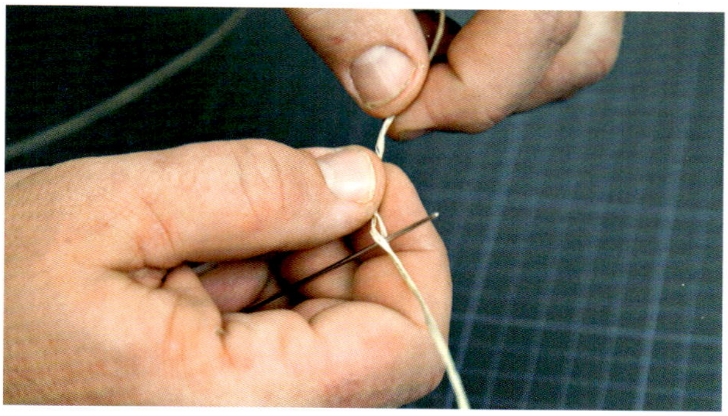

Stechen Sie mit der Spitze der Nadel durch den Faden, etwa drei oder vier Fingerbreit vom Ende entfernt.

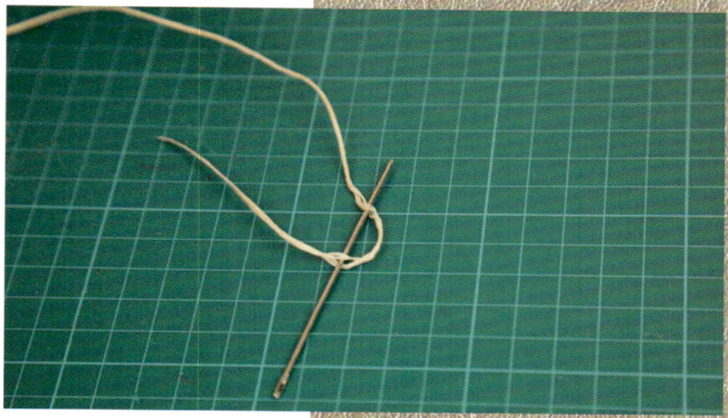

Stechen Sie einen Fingerbreit entfernt erneut durch den Faden.

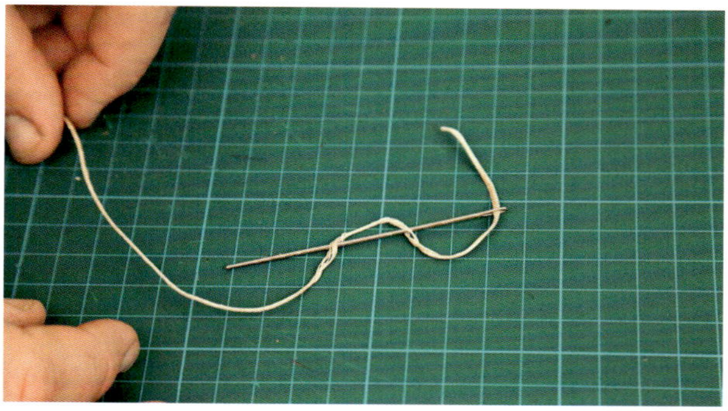

Fädeln Sie das angespitzte Ende des Fadens durch das Nadelöhr.

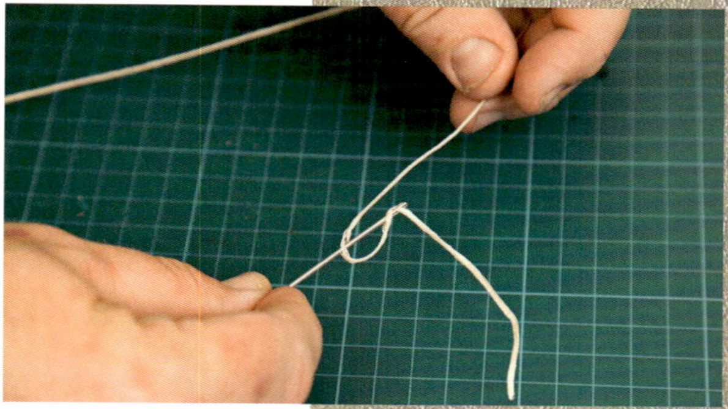

Ziehen Sie das lange Ende des Fadens nach oben und das angespitzte Ende so weit in das Öhr, wie es geht.

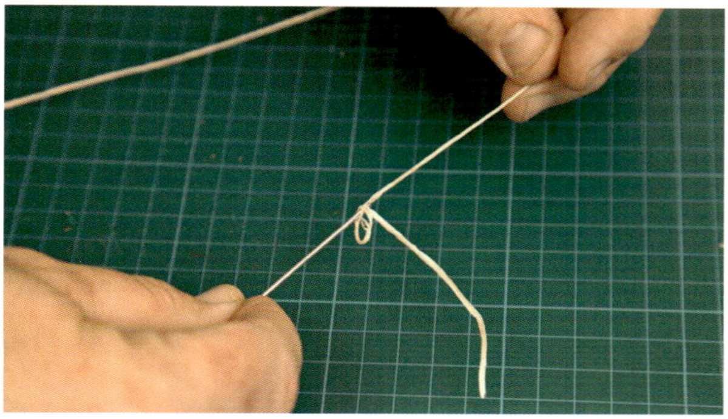

Ziehen Sie den lange Faden komplett über das Öhr, sodass sich die beiden Enden verschlaufen.

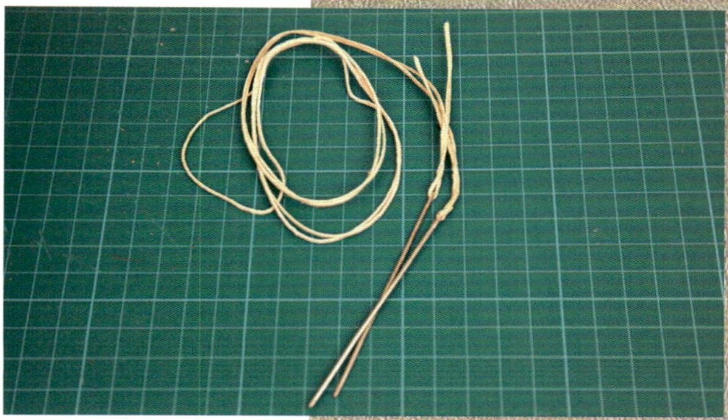

Der Faden hat nun an beiden Enden je eine Nadel und ist bereit zum Nähen.

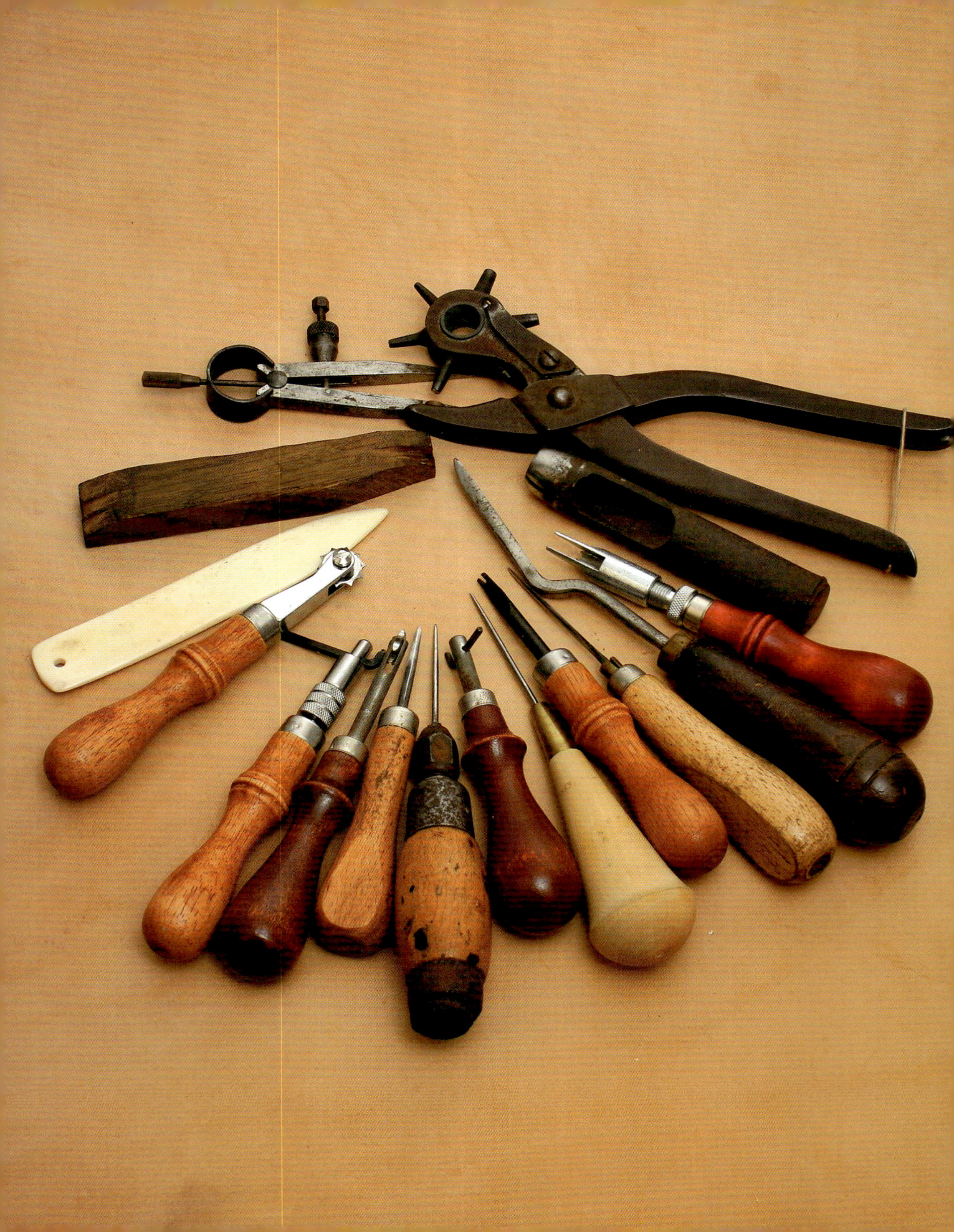

Die Werkzeuge

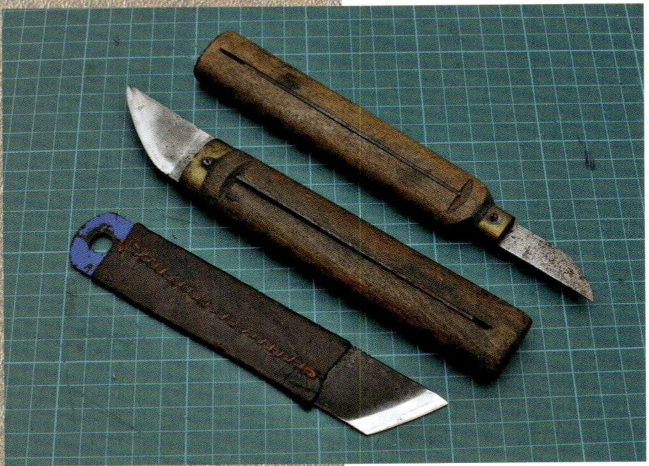

Schustermesser

Das wohl wichtigste Schneidwerkzeug ist das sogenannte Schustermesser, das aus einem dünnen Klingenblech und einer einseitig geschliffenen, schräg gestalteten Schneide besteht. Mir waren die dünnen und recht flexiblen Klingen immer zu „wabbelig" und sie lassen sich auch schlecht führen, sodass ich schon vor etlichen Jahrzehnten aus einem durchgehärteten Maschinen-Metallsägeblatt ein eigenes Modell gefertigt habe. Dazu schneidet man das Sägeblatt mit einer Flex schräg an, spannt es in einen Schraubstock, sodass der gute Teil von den Backen gehalten wird, und schlägt den nach oben stehenden Teil mit einem Hammer ab. Das ganze Blatt durchzuflexen würde zu viel Hitze erzeugen. Dann schleift man die Schneide in Form und umnäht den Schaft mit etwas Leder. Die Klinge wird für Rechtshänder von der rechten Seite angeschliffen und für Linkshänder von der linken. Mit diesem Werkzeug können Sie an einem angezeichneten Strich schneiden, ohne dass der Schnitt verläuft.

Das Schustermesser ist das wichtigste Schneidwerkzeug.

Halbmondmesser

Für lange und gerade Schnitte ist ein Halbmondmesser geeignet. Man kann damit entweder wie mit einem Wiegemesser kurze Stücke abschneiden oder das komplette Messer an einem Lineal entlangführen und so lange und gerade Schnitte ausführen. Setzen Sie das Messer zunächst mit einer Spitze an und schieben Sie es etwas vorwärts. Wenn die Klinge dann ins Leder gleitet, kippen Sie das Messer so, dass Sie mit dem Halbmond und nicht mehr mit der Spitze schneiden. Auf diese Art kommt sehr viel Schneide mit einem extrem flachen Winkel am Leder zum Einsatz, was für die hervorragende Schneidleistung verantwortlich ist.

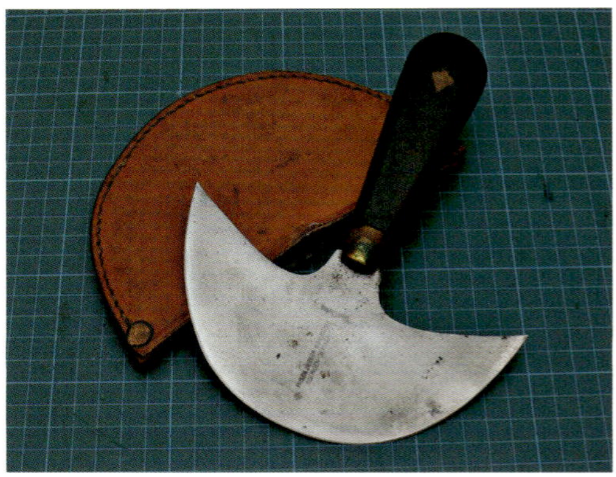

Halbmondmesser eignen sich besonders gut für lange, gerade Schnitte.

Schusterhammer

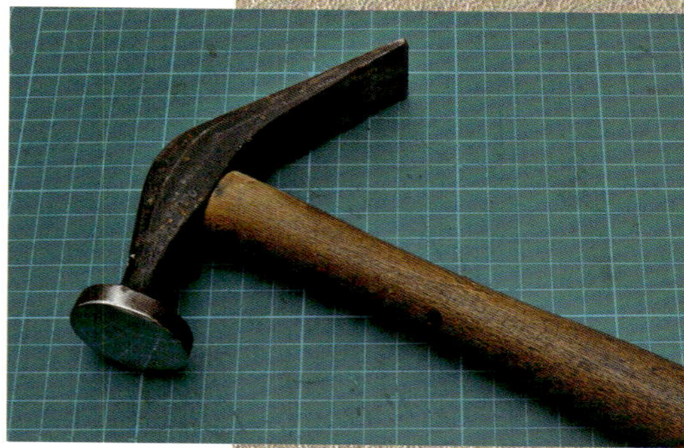

Um Nähte flachzuhämmern und zu verklebende Lederstücke miteinander zu verbinden ist ein Schusterhammer gut geeignet. Besonders wichtig ist, auf eine absolut saubere und polierte Hammerbahn zu achten, die leicht nach außen gewölbt sein sollte. Scharten und Rostflecken würden auf dem Leder Flecken oder Beschädigungen hinterlassen und sollten daher unbedingt vermieden werden.

Stechzirkel

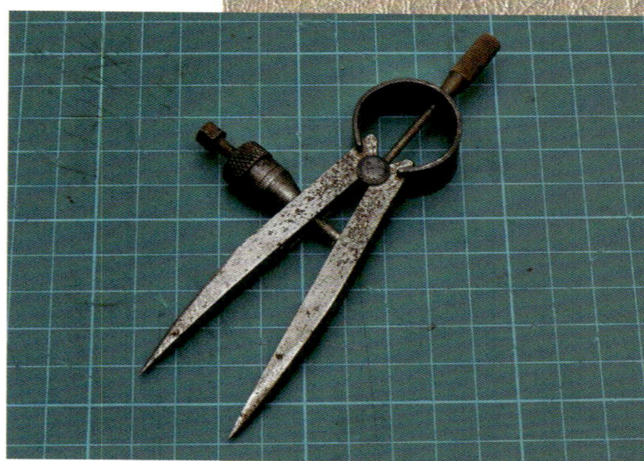

Um auf Leder auch weite Lochabstände, wie im Falle eines Gürtels, zu markieren, ist ein Stechzirkel gut geeignet. Es geht aber auch mit einem normalen Schulzirkel, jedoch nicht so gut, da die Spitze zu dünn und damit nur schlecht zu sehen ist. Für angenehmes und akkurates Arbeiten empfiehlt sich auf jeden Fall das Profiwerkzeug.

Kantenzieher

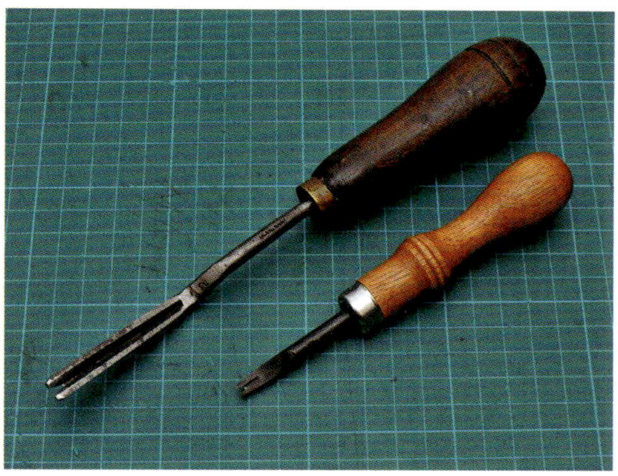

Man kann die Kanten auch mit einem Messer abschrägen, es geht aber besser und gleichmäßiger mit einem Kantenzieher. Dieser wird an der Kante entlanggeschoben und schneidet einen langen und gleichmäßigen Lederfaden ab. Um bei Gürteln ein sauberes Ergebnis zu erzielen, sollten Sie am Tisch ein Brett mit Schraubzwingen befestigen, an dem Sie den Lederzuschnitt anlegen können. Zum Nachschärfen des Kantenziehers halten Sie die Seite, die zum Leder zeigt, einfach an eine laufende Schwabbelscheibe mit Polierwachs und schon ist die Klinge wieder scharf.

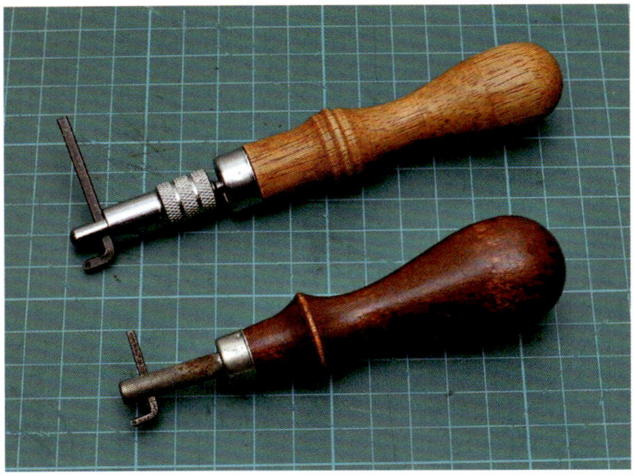

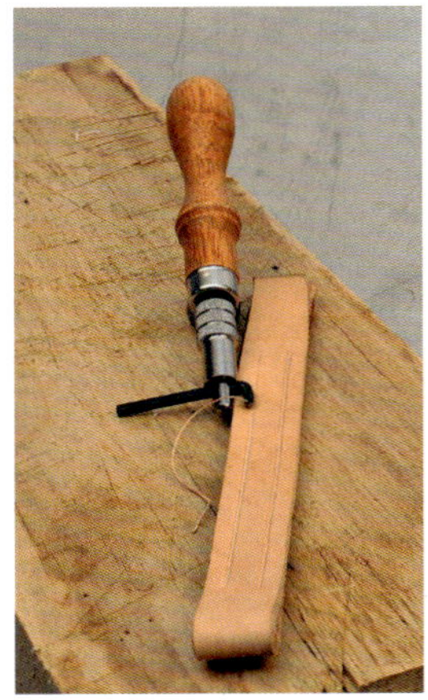

Der Nahtversenker hebt eine Rille zum Versenken der Naht parallel zur Lederkante aus.

Nahtversenker

Damit sich die Naht nicht durchscheuert, weil sie auf dem Leder aufliegt, wird sie versenkt. Dafür müssen Sie mit dem Nahtversenker eine Rille aus dem Leder schneiden.

Der Nahtversenker ist verstellbar und nutzt die Lederkante als Führung. Sie können damit aber auch freihändig arbeiten, aber nur, wenn die Linie zuvor sauber angezeichnet wurde, denn falls Sie sich verschneiden, ist das nicht so leicht wieder zu korrigieren. Es geht auch ohne Nahtversenker, dann schneiden Sie mit einem Schustermesser eine feine V-förmige Rille aus dem Leder. Besser und schneller geht es aber mit dem richtigen Werkzeug.

Reifeleisen

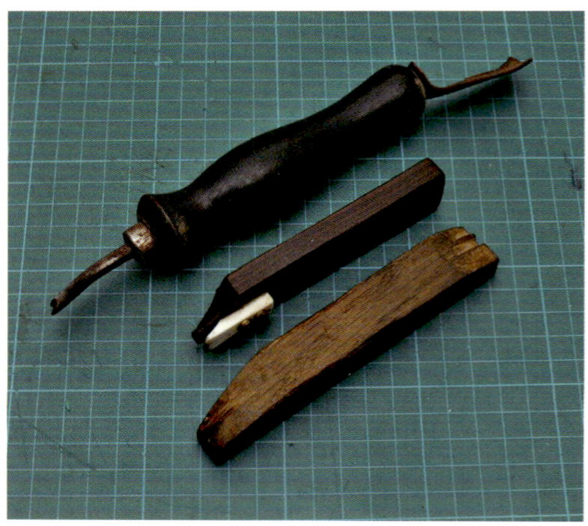

Eine Kante am Leder sieht nur dann professionell aus, wenn parallel zur Kante eine Rille in das Leder gedrückt wird. Sie können für diesen Zweck ein Reifeleisen kaufen oder aus Knochen oder Hartholz selbst eines herstellen. Wichtig ist, verschiedene Abstände und Rillenbrei-

Je dünner das Leder, desto dünner und dichter am Rand sollte auch die Rille sein.

ten zur Verfügung zu haben. Je dünner das Leder, desto dichter am Rand und dünner sollte die Rille sein. Reiben Sie über die angezeichnete Rille erst mit wenig Druck und gehen Sie dann mehrmals über die Strecke, wobei Sie die Geschwindigkeit und den Druck stetig erhöhen. Auf diese Weise vermeiden Sie einen Ausrutscher und die Rille wird immer tiefer und dunkler, bis sie Ihnen gefällt.

Nadel

Nadeln sind beim Nähen von Leder nur dazu da, den Faden durch das bereits vorgestochene Loch zu fädeln. Die typischen Ledernadeln sind daher stumpf. Das hat zusätzlich den Vorteil, dass der Faden nicht beschädigt wird, wenn man zum Abschluss der Naht zwei Stiche zurücknäht.

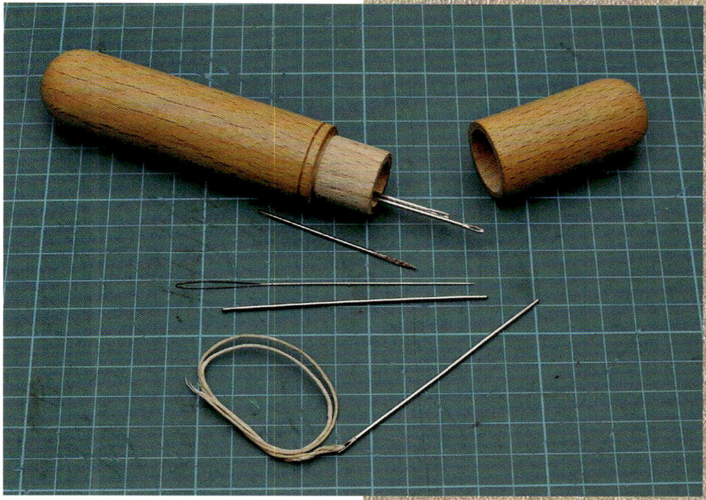

Typische Ledernadeln sind stumpf, weil die Löcher mit Ahlen vorgestochen werden.

Die Nadeln mit einer dreieckigen, scharfen Spitze sind für ganz dünnes, weiches Bekleidungsleder oder für Kürschner gedacht. Sie eignen sich auch, um Risse in Bekleidungsleder zu flicken. Um solche Nadeln durch das Leder zu stechen, brauchen Sie mindestens einen Fingerhut oder besser einen Sattlerhandschuh, sonst stechen Sie sich das stumpfe Ende der Nadel in den Finger.

Statt Nadeln nutzte man früher Schweineborsten, die an das Ende der angespitzten Fäden mit Pech angebracht wurden. Das beherrscht aber heute kaum noch jemand. Alternativ gibt es Stahlborsten, die jeweils aus einem doppelt gelegten Stahldraht gefertigt sind, der an dem Schaft zusammengelötet ist. Diese Borsten werden wie Nadeln an dem Faden angebracht.

Nadeln sind billig, daher sollten Sie immer einen kleinen Vorrat bereithalten, denn wenn eine verloren geht, gibt es meist keinen Ersatz im Haushalt und die Arbeit stockt. Auch ist es sinnvoll, bereits mehrere Fäden vorzubereiten, um beim Nähen längerer Nähte nicht zwischendurch den Arbeitsfluss unterbrechen zu müssen, um die Nadeln wieder „aufzumunitionieren".

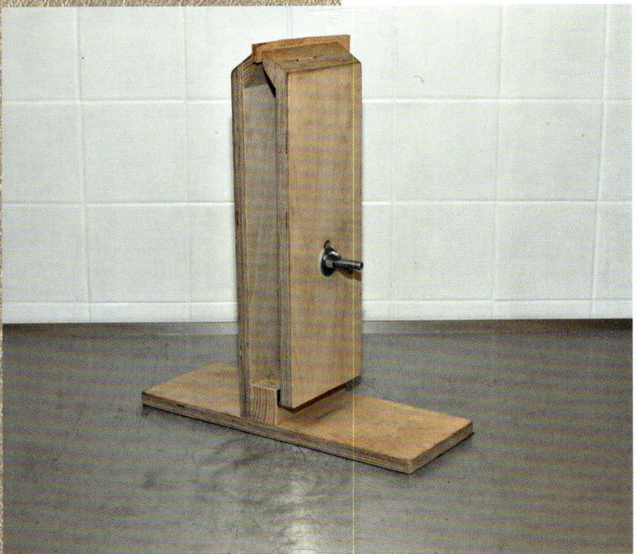

Nähkluppe

Für eine saubere Naht muss das Werkstück fest eingespannt werden. Dafür ist eine Nähkluppe, auch Krokodilmaul genannt, ideal. Diese gibt es zum Anschrauben an einen Tisch, zum Einspannen in einen Schraubstock oder zum Festklemmen mit den Oberschenkeln auf der „Schusterbank". Mit zwei einfachen Brettern, auf die man innen zwei Leisten geschraubt hat, und einem Lederriemen als Scharnier lässt sich eine einfache Nähkluppe improvisieren, sie wird in einen Schraubstock gespannt und ist für kleine Teile völlig ausreichend. Spannen Sie sie aber nicht zu fest, damit keine Abdrücke auf dem Leder zurückbleiben.

Falzbein

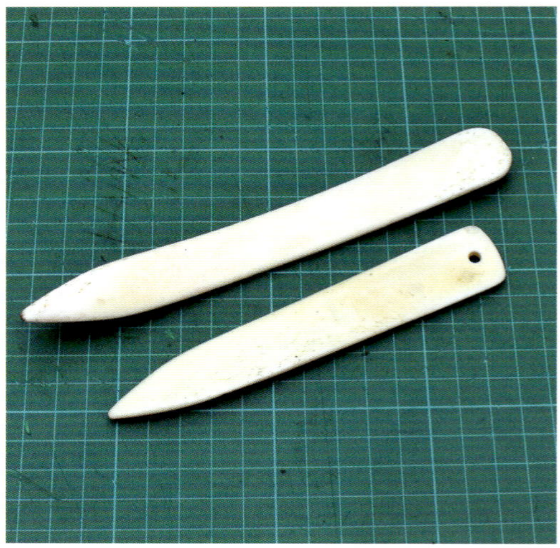

Das Falzbein ist ein wirkliches Universalwerkzeug für den Sattler. Mit der Spitze können Sie auf der Haarseite des Leders Muster und Verzierungen hineindrücken oder ganz leicht einen Schnitt „anzeichnen". Sollten Sie sich dabei vertan haben, dann entfernen Sie den Strich ganz einfach mit dem stumpfen Ende des Falzbeins. Mit dem glatten Schaft polieren Sie die Kanten des Leders. An nassgeformten Lederscheiden drücken Sie mit dem stumpfen Ende das Leder in die Ecken und Vertiefungen. Beim Kauf sollten Sie darauf achten, auf jeden Fall ein Falzbein aus Knochen zu erwerben, denn die aus Kunststoff sind nicht so gut geeignet.

Falzbein aus Knochen sind besser geeignet als die aus Kunststoff.

Lederhobel

Ein Lederhobel mit auswechselbaren Rasierklingen ist ein praktisches Werkzeug, wenn größere Lederstücke ausgedünnt werden müssen. Da das aber nur selten vorkommt, sollte der Lederhobel weiter hinten auf Ihrer Anschaffungsliste stehen.

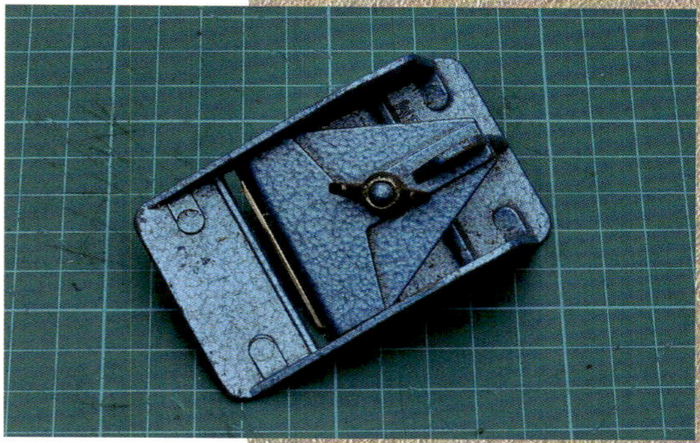

Ahle

Beim Nähen von Leder sind Ahlen unverzichtbar, denn die Nadeln sind im Sattlerhandwerk stumpf und eignen sich nicht, um direkt durch Leder zu stechen.

Die Ahle für Blankleder heißt Schwertahle und ist im Querschnitt rautenförmig. Mit ihr werden die Löcher leicht schräg zur Nahtlinie vorgestochen. Wichtig ist ein gutes Heft, in dem die Ahle sicher hält, vor allem dann, wenn man mal etwas mehr ziehen muss, um sie wieder aus dem Leder herauszubekommen. Hefte mit Vorrichtungen zum Wechseln der Ahlen haben sich bei mir nicht bewährt, da sie meist nicht ordentlich in der Befestigung halten. Besser ist ein Heft, in das die Ahle eingeschlagen wird.

Bei der Schwertahle ist die Spitze ab Werk nadelspitz ausgeschliffen, die Seiten sind jedoch relativ rau belassen. Es ist besser, wenn Sie die Ahle etwas modifizieren: Schleifen Sie die Seiten sauber und polieren Sie sie. Schleifen Sie anschließend die Spitze auf einen Millimeter halbrund

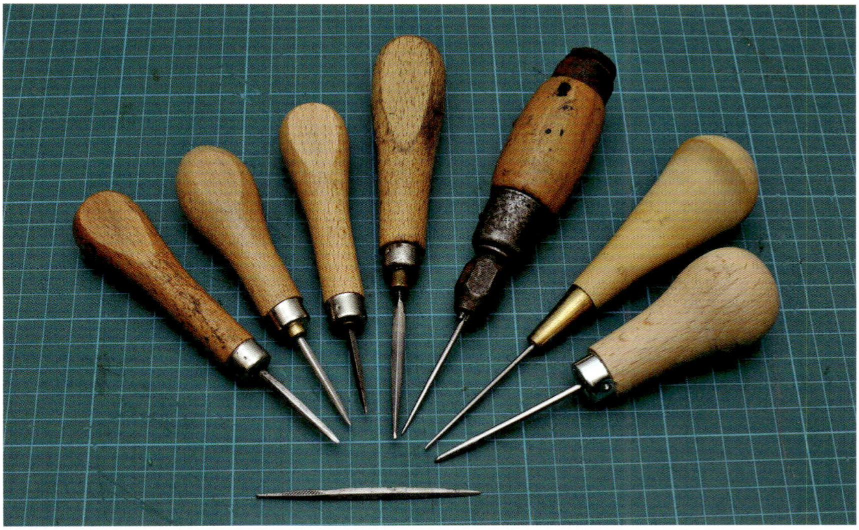

Verschiedene Ahlen, die rechten drei sind Rundahlen, die anderen sind Schwertahlen.

und scharf, so kann man beim Stechen die Richtung noch etwas beeinflussen und durch die polierten Seiten gleitet sie leichter in das Leder. Auch wenn nur das vordere Drittel der Schwertahle an den Seiten messerscharf geschliffen wird, reicht das aus, um die Löcher vorzustechen, der hintere Teil weitet das Loch dann nur noch. Nach einigen Minuten hat sich das Leder wieder in die Ausgangslage zurückgebildet und legt sich dicht um den Faden. Besonders durch die Nachbearbeitung der Kante wird das Loch wieder geschlossen.

Rundahlen eignen sich entweder für Sämischleder oder um beim Nähen der letzten beiden Stiche den Faden in der Naht zur Seite zu drängen.

Tipp

Beim Durchstechen des Leders müssen Sie mit zwei Fingern von der anderen Seite gegenhalten. Zu Ihrer Sicherheit können Sie auch einen Korken benutzen und mit der Ahle in den Korken stechen. Gerade bei Werkstücken, die sich nur schlecht einspannen lassen, ist das eine große Hilfe.

Nahtabstandsmarkierer

Damit die einzelnen Löcher einer Naht einen gleichmäßigen Abstand erhalten, sollten Sie diese zuvor mit einem Nahtabstandsmarkierer anzeichnen. Das Werkzeug besitzt ein Sternrad, das Markierungen für die einzelnen Stiche in das Leder drückt. Bei den meisten Rädchen ist der Lochabstand jedoch zu gering und nur für sehr dünnes Leder ausgelegt. Entweder Sie nutzen dann nur jede zweite Markierung oder behelfen sich mit einem Stechzirkel, den Sie sich ohnehin anschaffen sollten.

Damit die einzelnen Löcher einer Naht einen gleichmäßigen Abstand erhalten, sollten Sie diese zuvor mit einem Nahtabstandsmarkierer anzeichnen.

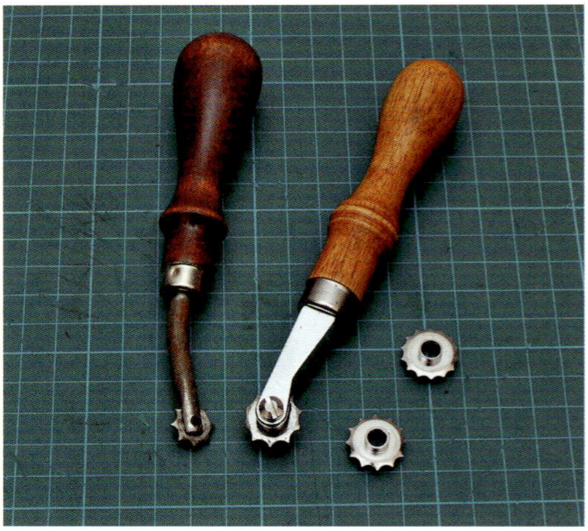

Der rechte Nahtabstandsmarkierer wird mit zwei auswechselbaren Rädchen mit unterschiedlichem Stichabstand geliefert.

Kleber

Leder kann man auch kleben, aber das ist eine Wissenschaft für sich. Es handelt sich beim Kleber für saugfähige Lederunterlagen um einen Kontaktkleber, der auf beide zu verklebenden Stücke aufgebracht wird und dann ablüften muss. Nach einigen Minuten können die Klebeflächen dann aufeinandergedrückt und zusammengehämmert werden. Der Druck beim Kleben ist verantwortlich für die spätere Haltbarkeit.

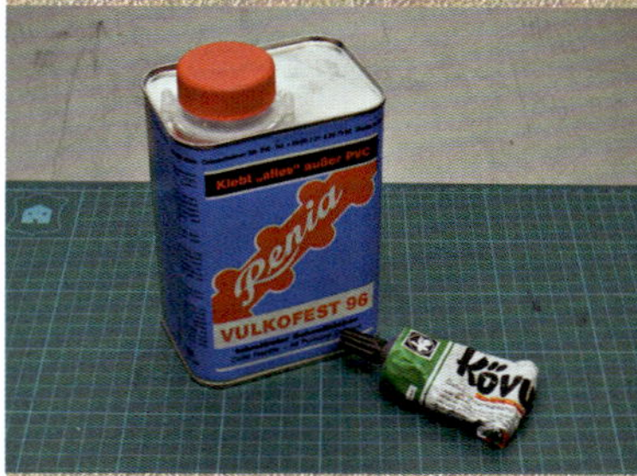

Klebstoff für Leder gibt es in verschiedenen Gebindegrößen und von unterschiedlichen Herstellern.

Lochpfeifen/Lochzange

Um Leder sauber zu lochen, sind Lochpfeifen oder eine Lochzange unersetzlich. Eine Lochzange sollten Sie sich bei einem Spezialversand für Lederwerkzeug kaufen. Mit einer Lochzange können Sie nur Löcher stanzen, die 3-4 cm vom Rand entfernt liegen, außerdem ist bei 6 mm Durchmesser Schluss. Weiter innen liegende Löcher können nur mit Lochpfeifen erreicht werden. Beim Kauf von Lochpfeifen sollten Sie nicht nur auf Qualität achten, sondern auch darauf, dass diese möglichst flach ausgeschliffen sind. Sie könnten sonst im Leder klemmen. Auch haben viele billige Lochpfeifen eine zu dicke Wandstärke, was einen „Keil" ins Leder treibt und bei geringen Lochdurchmessern und dickem Leder die Narbenseite aufreißen lassen kann. Weiterhin lassen sie sich schlecht durch das Leder schlagen und weiten das Loch unkontrolliert auf, sodass Sie eine 4 mm Lochpfeife nutzen und ein 6 mm Loch auf der Narbenseite erhalten. In solch einem Fall sollten Sie auf einen Bohrer ausweichen, der das Loch maßhaltig bohrt.

Tipp

Sie können eine Revolver-Lochzange auch wie eine Lochpfeife verwenden, um Löcher an Stellen zu stanzen, die Sie sonst mit der Zange nicht erreichen können. Dazu drehen Sie die Zange um und schlagen auf die Unterseite eines Ambosses.

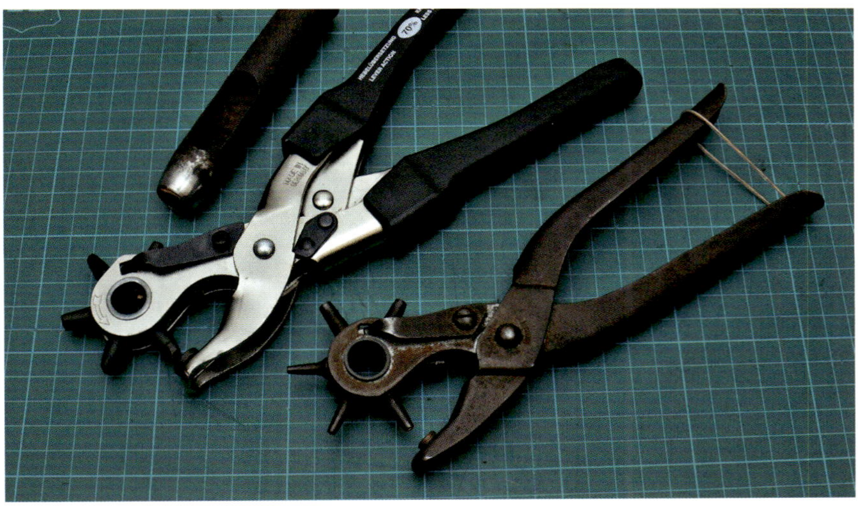

Zwei Lochzangen und eine Lochpfeife (links).

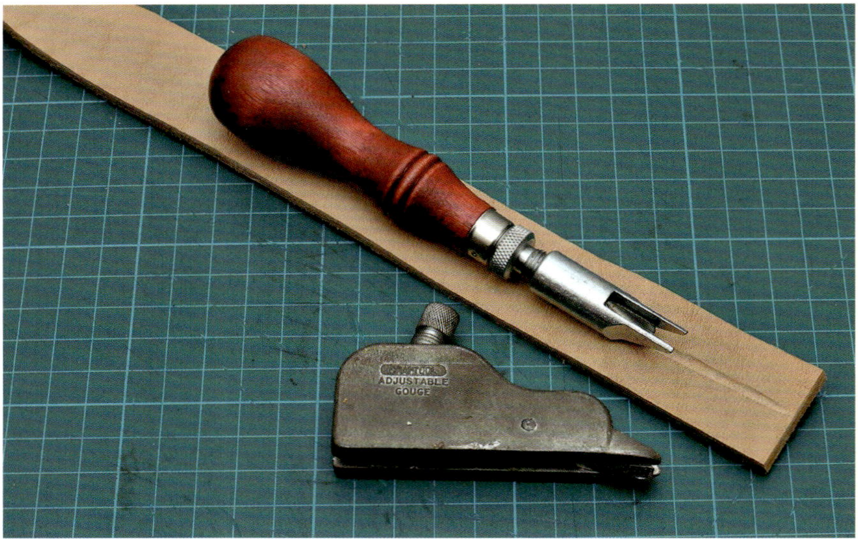

Zwei unterschiedliche, verstellbare Aushebewerkzeuge.

Aushebewerkzeug

Um Leder sauber knicken zu können, muss man die Innenseite des Knicks zunächst ausdünnen. Dafür gibt es spezielle Aushebewerkzeuge, die eine V- oder U-förmige Kerbe aus dem Leder, wie ein Hobel, ausschneiden. Es gibt Aushebewerkzeuge mit verstellbarer Schnitttiefe und feststehende Modelle. Solch ein Werkzeug ist bei den ersten Gehversuchen in der Sattlerei Luxus, es geht durchaus auch mit einem schräg gehaltenen Schustermesser. Eine andere Möglichkeit ist, mit einem freihändig geführten Nahtversenker zu arbeiten.

Um Leder sauber knicken zu können, muss man die Innenseite des Knicks zunächst ausdünnen.

Tipp

Bei dickem Leder ist ein mit der Lochzange gestanztes Loch stark konisch. Sie können dieses Loch mit der zur Seite abstehenden Stanze, die eine Nummer kleiner ist, von der Fleischseite her etwas weiten. Gerade bei Nieten und Beiltaschenknöpfen ist das oftmals notwendig.

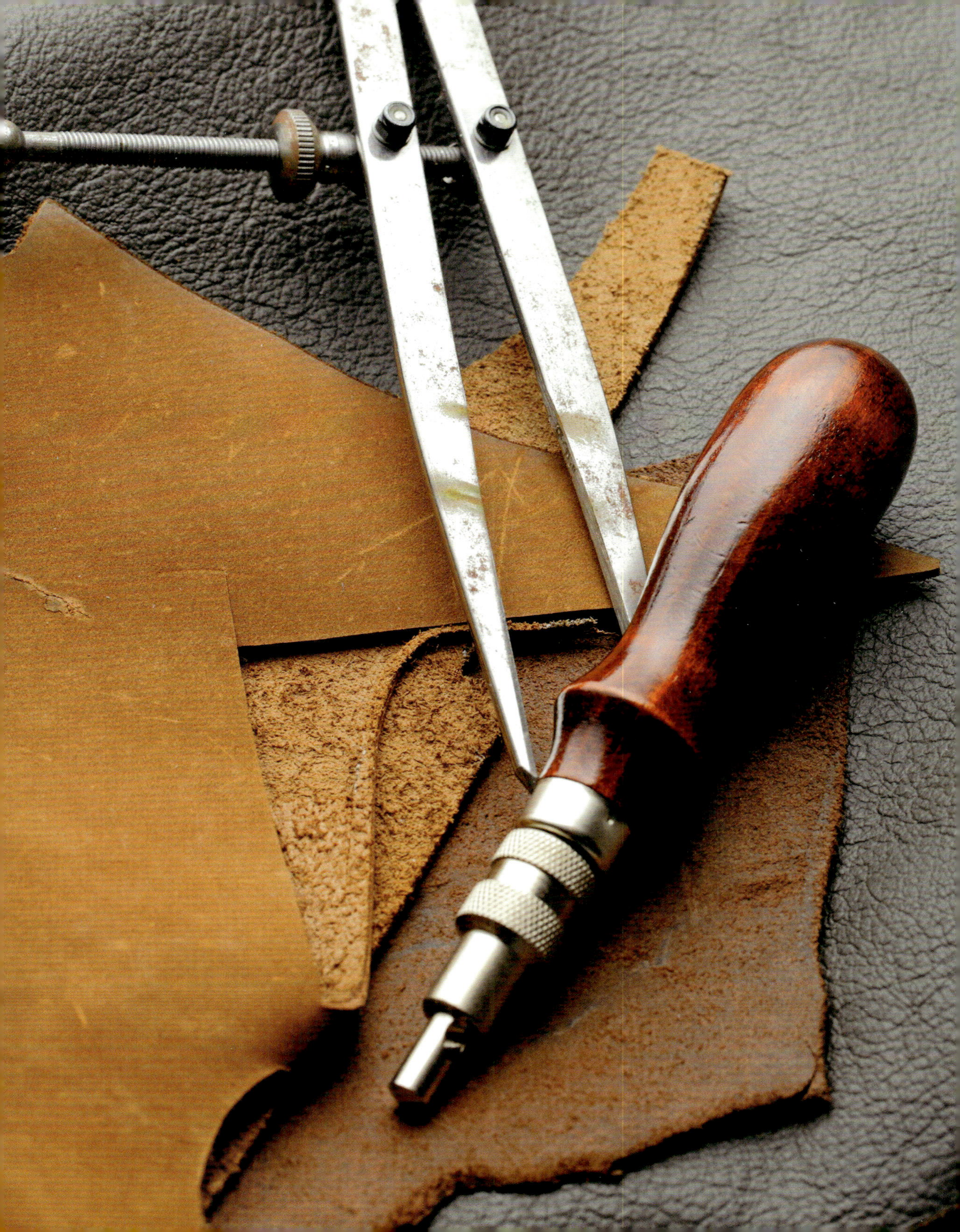

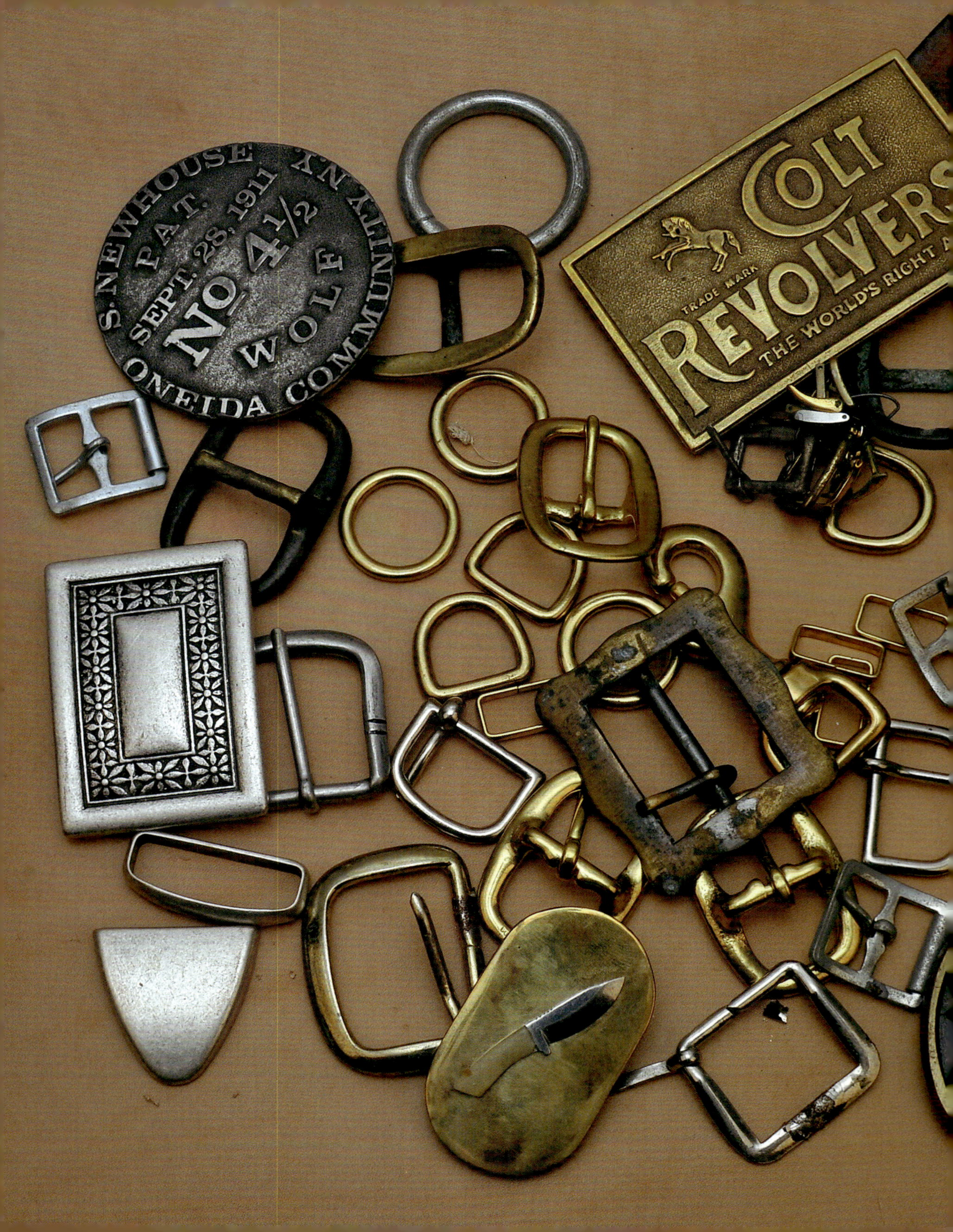
S. NEWHOUSE
PAT.
SEPT. 28, 1911
No 4 1/2
WOLF
ONEIDA COMMUNITY, N.Y.
COLT
TRADE MARK
REVOLVERS
THE WORLD'S RIGHT

Schnallen

Tipp

Das Einnähen dauert bei einer schlechten, qualitativ minderwertigen Schnalle genauso lange, wie bei einer etwas teureren, hochwertigen Schnalle. Sie sollten nicht an den Schnallen sparen, denn das unterscheidet Manufaktur von Industrie.

Schnallenmaterialien

Bei Schnallen, gerade für Gürtel, gibt es gewaltige Qualitätsunterschiede. Als Material sollte nur Messing oder rostfreier Edelstahl in Frage kommen. Verzinkte oder verchromte Eisenschnallen verlieren irgendwann die Beschichtung und sehen dann schäbig aus. Messingschnallen bekommen eine Patina, besonders dann, wenn sie sich an Pferdegeschirren befinden.

Einfache Schnallen

Die einfachste Form einer Schnalle ist ein D-förmig gebogenes Stück Draht mit einem leicht gebogenen Dorn. Es gibt aber auch einfache Schnallen, die trotzdem hochwertig sind: Das Material wird in solchen Fällen gegossen oder sauber gefertigt, der Dorn ist rund und liegt sauber im Steg.

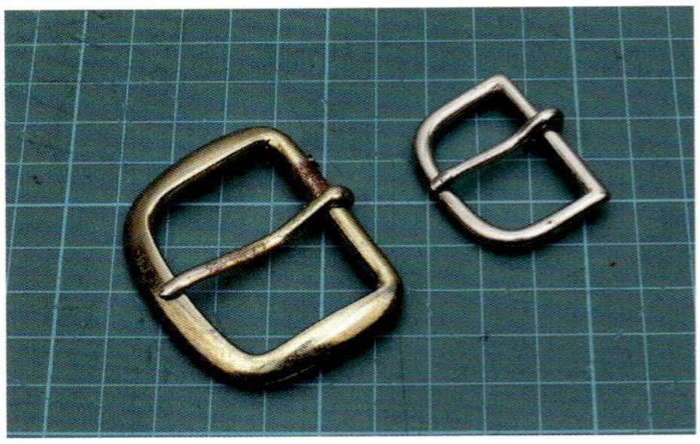

Bei billigen Schnallen ist das Ende des Dorns, das um den Steg gelegt ist, einfach breitgeschlagen und aufgerollt, wodurch es viel breiter ist als notwendig. Dadurch muss auch das Langloch im Gürtel viel breiter als notwendig ausfallen, was den Gürtel unnötig schwächt. Aus 4 mm Messing-Rundmaterial hat man schnell einen neuen, liebevoller gefertigten Dorn gebogen, der gegen den hingepfuschten ausgewechselt werden kann. Sie können auch den vorhandenen Dorn vorsichtig aufbiegen und dann an einem Bandschleifer oder mit einer Feile in Form bringen. Achten Sie auch auf die Spitze, die meist einen breitgeschlagenen Grat aufweist. Hier verbessern Sie bereits mit einigen Feilstrichen die Funktion erheblich und schonen auch die Löcher im Leder.

Rollschnallen

Eine einfache Schnalle mit einem Blechstück über dem Bügel nennt sich Rollschnalle. Diese Rolle schont das Leder beim Durchziehen und ist daher oftmals an Rödelriemen angebracht. Solche Kleinigkeiten wie die Verwendung von Rollschnallen machen den Unterschied zwischen liebevoller Handarbeit und Massenfertigung, bei der es gilt, einige Cent in der Produktion einzusparen. Das rächt sich spätestens dann, wenn die Oberfläche des Leders durch die scharfen Kanten der Schnalle beschädigt wurde.

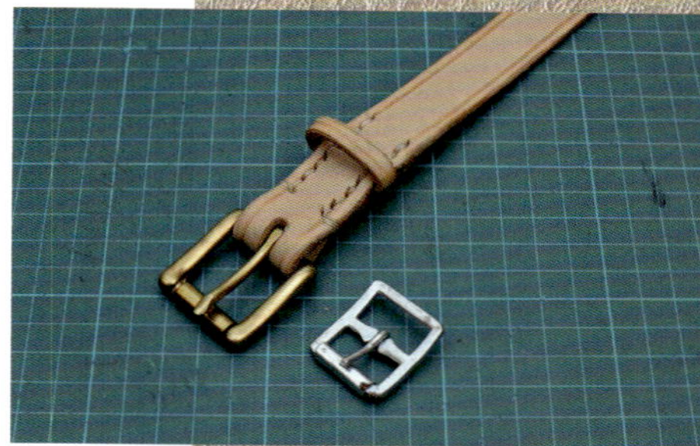

Doppelschnallen

Doppelschnallen bestehen aus zwei Bügeln. Auf dem einen liegt der Dorn, durch den anderen wird das freie Ende des Riemens gezogen. Sie finden sich vorwiegend an Pferdegeschirren und sind daher auch nur in schmalen Größen erhältlich. An Rucksäcken machen sie aber ebenfalls eine gute Figur.

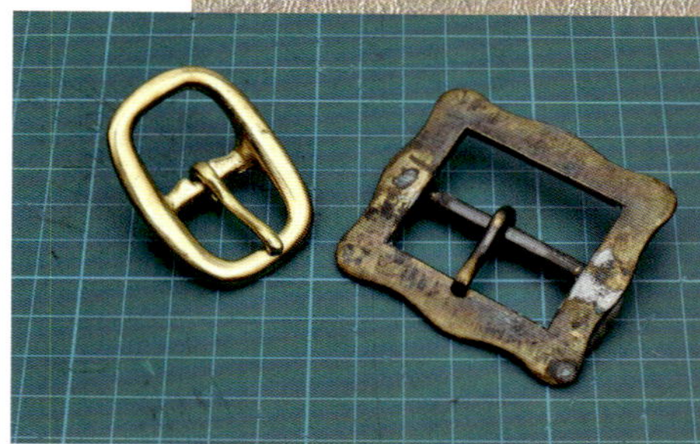

Buckles

Die Platten, die mit einem Bügel für das Ende des Gürtels und einem kurzen Dorn oder Haken für die Löcher im Gürtel ausgestattet sind, heißen Buckles. Sie kommen überwiegend aus den USA und sind oftmals deutlich größer als eine handelsübliche Schnalle. Bei Buckles steht das Motiv im Vordergrund. Für Rodeo-Veranstaltungen werden die aus Silber gefertigten und aufwendig verzierten Stücke als Siegestrophäen verwendet.

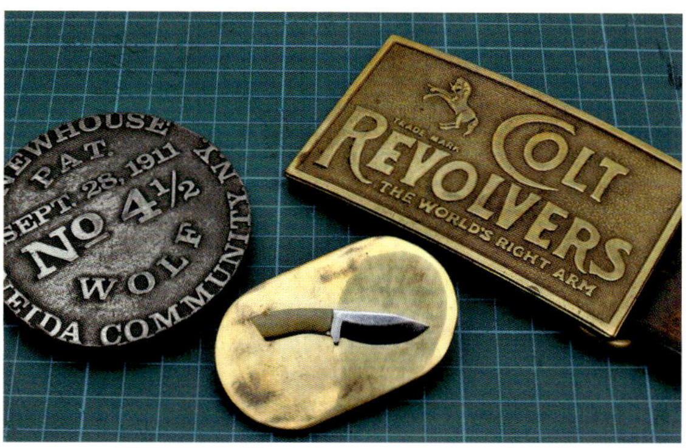

Dabei sind Buckles in der Größe eines Bierdeckels nicht ungewöhnlich. An solche Buckles gehört natürlich ein ebenso hochwertiger Gürtel.

Bei Buckles steht das Motiv im Vordergrund.

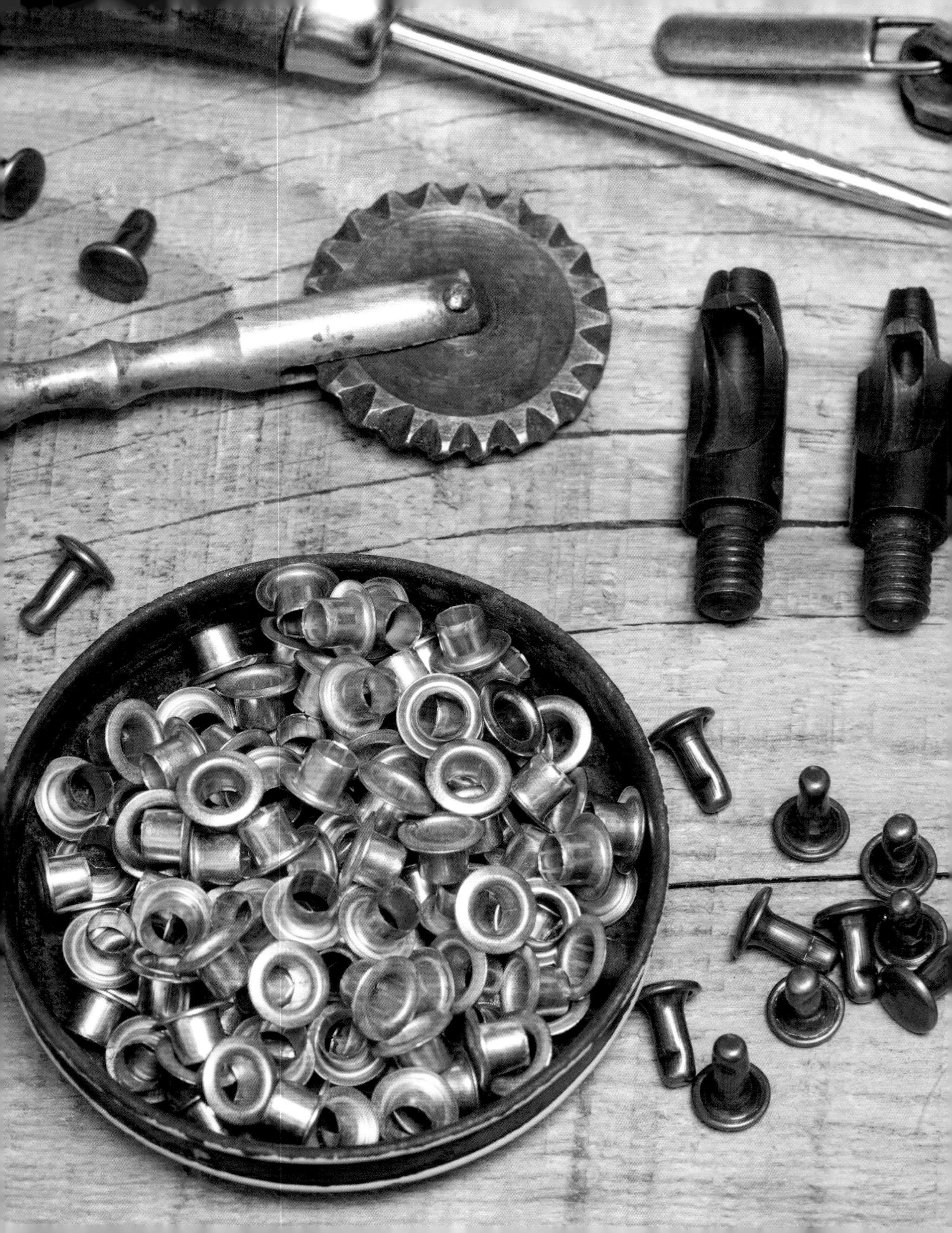

Grundlagen

Druckknöpfe und Nieten

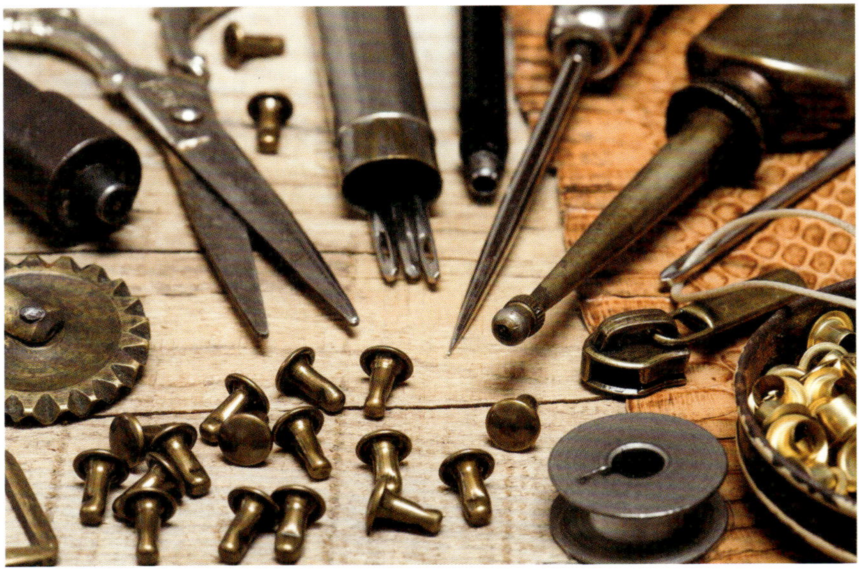

Druckknöpfe montieren

Druckknöpfe werden erst seit einigen Jahrzehnten für Lederwaren verwendet. Es gibt sie in zwei Varianten: Zum einen mit einer Sicherung, die sich nur von einer Seite her aufschnappen lässt, und zum anderen die Modelle, die in jeder Richtung funktionieren. Die Sicherheits-Druckknöpfe können bedenkenlos beispielsweise an Gürtelschlaufen angebracht werden, wenn man zuvor die richtige Orientierung sichergestellt hat.

Die Unterteile liegen naturgemäß innen in dem Werkstück und sollten daher mit einem dünnen Stück Leder abgeklebt werden, um den Tascheninhalt zu schützen. Achten Sie darauf, dass das Leder nicht zu dick ist, sodass die Schäfte der Druckknöpfe noch sauber umgebördelt werden können. Für dickeres Leder gibt es Unterteile mit extra langen Schäften. Bei noch dickerem Leder aus mehreren Lagen – beispielsweise bei Holstern für schwere Revolver – bohren Sie ein sauberes Loch und schrauben die Unterseite des Druckknopfs fest.

Bei Druckknöpfen ist es wichtig, dass das Loch die richtige Größe besitzt. Im Zweifelsfall nehmen Sie ein Stück Lederrest und lochen dieses, sodass Sie den Sitz prüfen können. Besonders bei weichem oder sämisch gegerbtem Leder würde der Druckknopf bei einem zu großen Loch wieder herausreißen.

Bei Druckknöpfen ist es wichtig, dass das Loch die richtige Größe besitzt. Im Zweifelsfall nehmen Sie ein Stück Lederrest und lochen dieses, sodass Sie den Sitz prüfen können.

Beiltaschenknöpfe, Knopf- oder Kopfnieten

Eine elegante Art, Taschen zu verschließen, bieten die sogenannten Beiltaschenknöpfe, auch Knopf- oder Kopfnieten genannt. Wie der Name schon verrät, wurden sie vorzugsweise für Beiltaschen eingesetzt. Das Unterteil des Beiltaschenknopfes wird eingeschraubt, das Gewinde wird vorher mit Loctite oder Nagellack eingestrichen, um ein unbeabsichtigtes Lösen zu verhindern. In die Lederlasche wird nur ein „Knopfloch" geschnitten. Aber nicht irgendwie, sondern mit einem Kniff: Die Lasche hat einen Zug, und zwar in die Richtung, in die sie aufgeht. Am Ende des Knopfloches sollten Sie ein Loch stanzen, welches dem Durchmesser des Schaftes des Beiltaschenknopfes entspricht. Entgegen dem Zug wird nun ein Schlitz in das Leder geschnitten, um den Riemen über den Knopf schieben zu können. Am Ende dieses Schlitzes wird ein sehr kleines Loch gestanzt, damit der Schlitz nicht weiter aufreißen kann. Beim Schlitzen des Riemens ist besondere Vorsicht angebracht, denn wenn man sich vermessen hat, lässt es sich nur schwer reparieren. Als Hilfe kann man zunächst das Loch für den Beiltaschenknopf stanzen, dann die Tasche oder den Riemen schließen und das Loch mit einer Ahle übertragen, selbstverständlich tun Sie dies alles mit einer gefüllten Tasche. Das Zuknöpfen darf am Anfang ruhig sehr stramm gehen, denn das Leder weitet sich mit der Zeit.

Beim Schlitzen des Riemens ist besondere Vorsicht angebracht, denn wenn man sich vermessen hat, lässt es sich nur schwer reparieren.

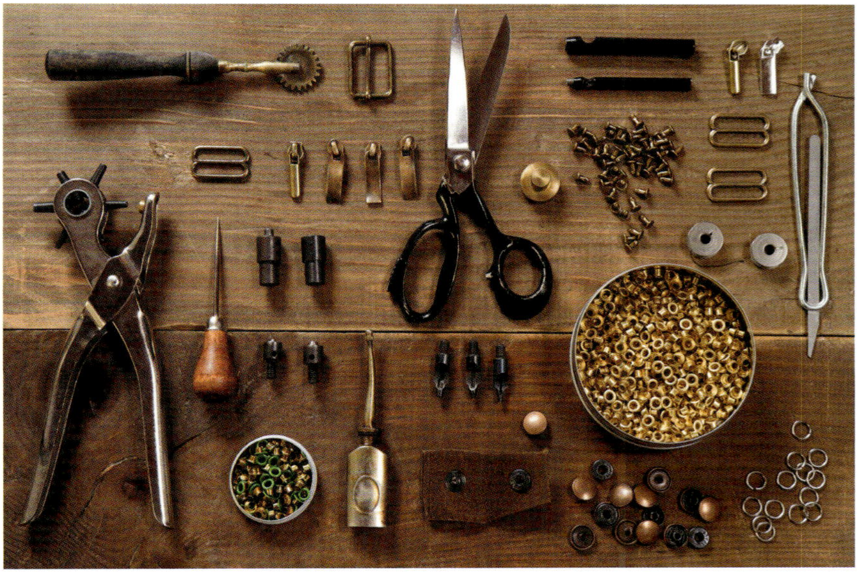

Nieten setzen

Bei bestimmten Werkstücken kann eine gut gesetzte Niete die Haltbarkeit verbessern. Das setzt aber einige Dinge voraus: Die Konfektions- oder Hohlnieten aus Blech, die fast überall verarbeitet werden, sind nichts wert. Diese werden gerne genutzt, um bei billigen Messerscheiden die Naht unten an der Spitze vor einem Durchtrennen durch die Klinge zu schützen. Das zeugt von einer falschen Konstruktion der Scheide und ist billiger Pfusch. An Taschen sind die oberen Enden der Naht, oder die Trageriemen an Rucksäcken, oftmals mit ordentlichen Kupfernieten verstärkt, weil deren breiter Kopf den Zug auf eine größere Fläche verteilt. Weiterhin werden die Nieten so angebracht, dass die Löcher sauber ausgestanzt werden und die Naht davon nicht betroffen ist. Erst eine Naht zu legen und diese danach mit den Nieten durchzustechen, ist das falsche Vorgehen, es wird aber gerne als „Reparatur" gemacht.

Eine Kupferniete besteht aus einem Niet mit einem extra großen und flachen Kopf. Die Niete ist grundsätzlich deutlich länger als die Dicke des zu vernietenden Materials. Die Seite mit dem Kopf ist das „schöne Ende" und

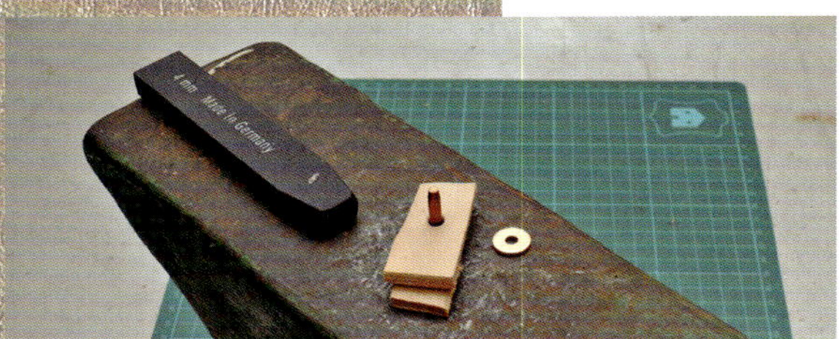

Stecken Sie den Niet durch beide Lederlagen.

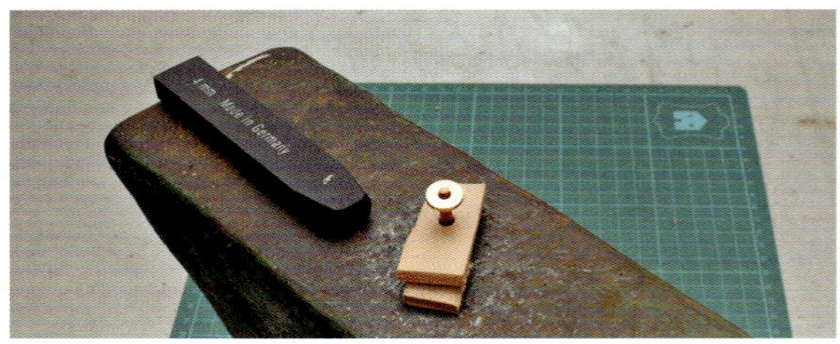

Setzen Sie die Unterlegscheibe auf.

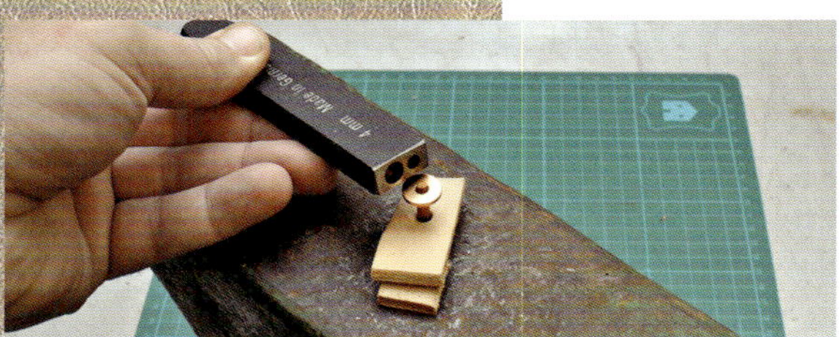

Der Nietenzieher besitzt zwei Löcher, das kleinere, tiefere ist notwendig, um die Unterlegscheibe herunterzuschlagen.

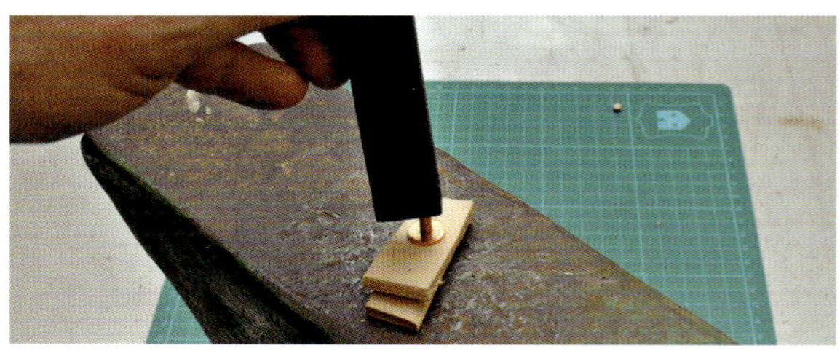

Die Unterlegscheibe ist mit dem Nietenzieher bis zum Leder heruntergeschlagen.

kommt folglich auf die sichtbare Seite des Werkstücks. Die Niete wird durch das zuvor gebohrte oder gestanzte Loch geschoben, die Unterlegscheibe wird nun von der Rückseite her aufgelegt. Verwenden Sie Nieten entweder aus Aluminium oder aus Kupfer, denn Eisen rostet und hinterlässt dann Flecken. Mit dem Nietenzieher, den man über den Nietenschaft schiebt, schlägt man die Unterlegscheibe nach unten und drückt dabei das Leder zusammen. Meist klemmt die Unterlegscheibe dabei schon fest, sodass sie an Ort und Stelle bleibt und nicht vom sich wieder ausdehnenden Leder nach oben geschoben wird. Nun kürzt man den Nietschaft mit einer Kneifzange, er sollte etwa so weit überstehen, wie der Schaft im Durchmesser misst. Jetzt wird der Schaft vernietet, indem man ihn mit einem leichten Hammer auf einer festen Metallunterlage zu einem pilzförmigen Kopf formt. Auf keinen Fall dürfen Sie mit einem schweren Hammer einen mächtigen Schlag auf den Niet geben, denn er würde dabei nur zur Seite knicken und das Werkstück ruinieren. Viele leichte Schläge, die das Material in die gewünschte Richtung treiben, das ist die richtige Methode.

Um einen Niet wieder zu entfernen, feilen Sie einfach den vernieteten Pilz ab und schlagen den Schaft durch die Unterlegscheibe heraus.

Verwenden Sie Nieten entweder aus Aluminium oder aus Kupfer, denn Eisen rostet und hinterlässt dann Flecken.

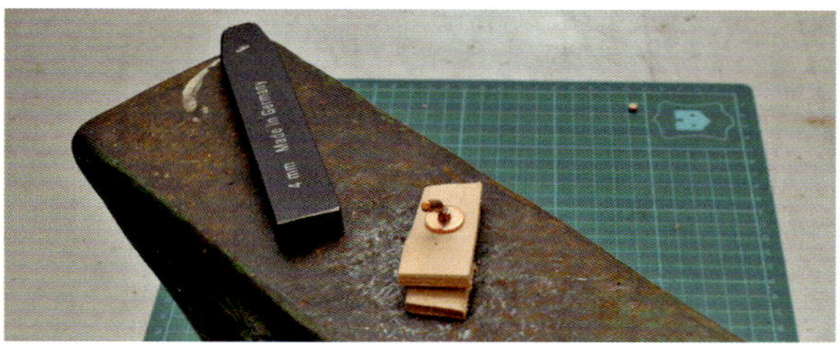

Mit einer Zange kürzen Sie den Nietenschaft auf 2-3 mm über der Unterlegscheibe.

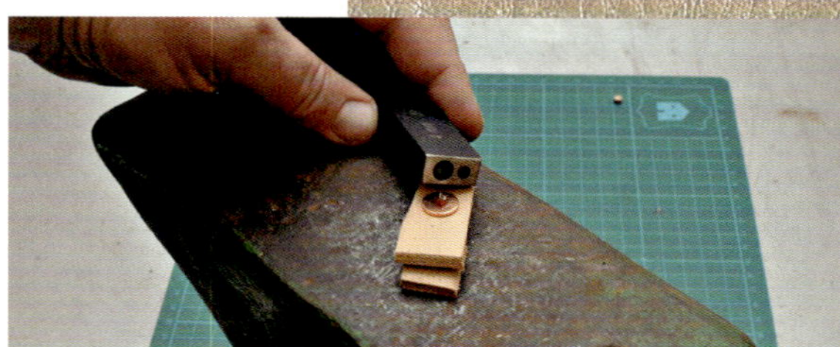

Mit dem Kopfsetzer – das große, flache Loch – vernieten Sie den Niet.

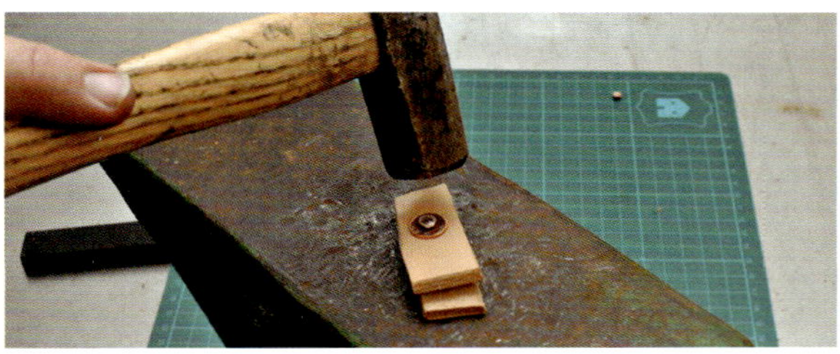

Statt mit Kraft geht es besser mit etwas Geschick und vielen leichten Schlägen auf den Rand des Nietschaftes, um einen Pilz zu formen.

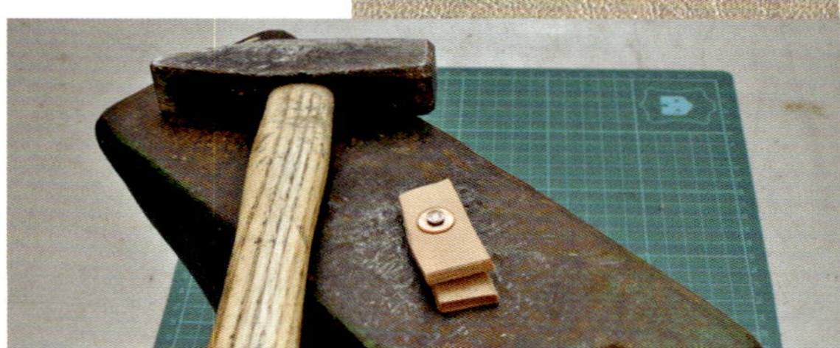

Fertig.

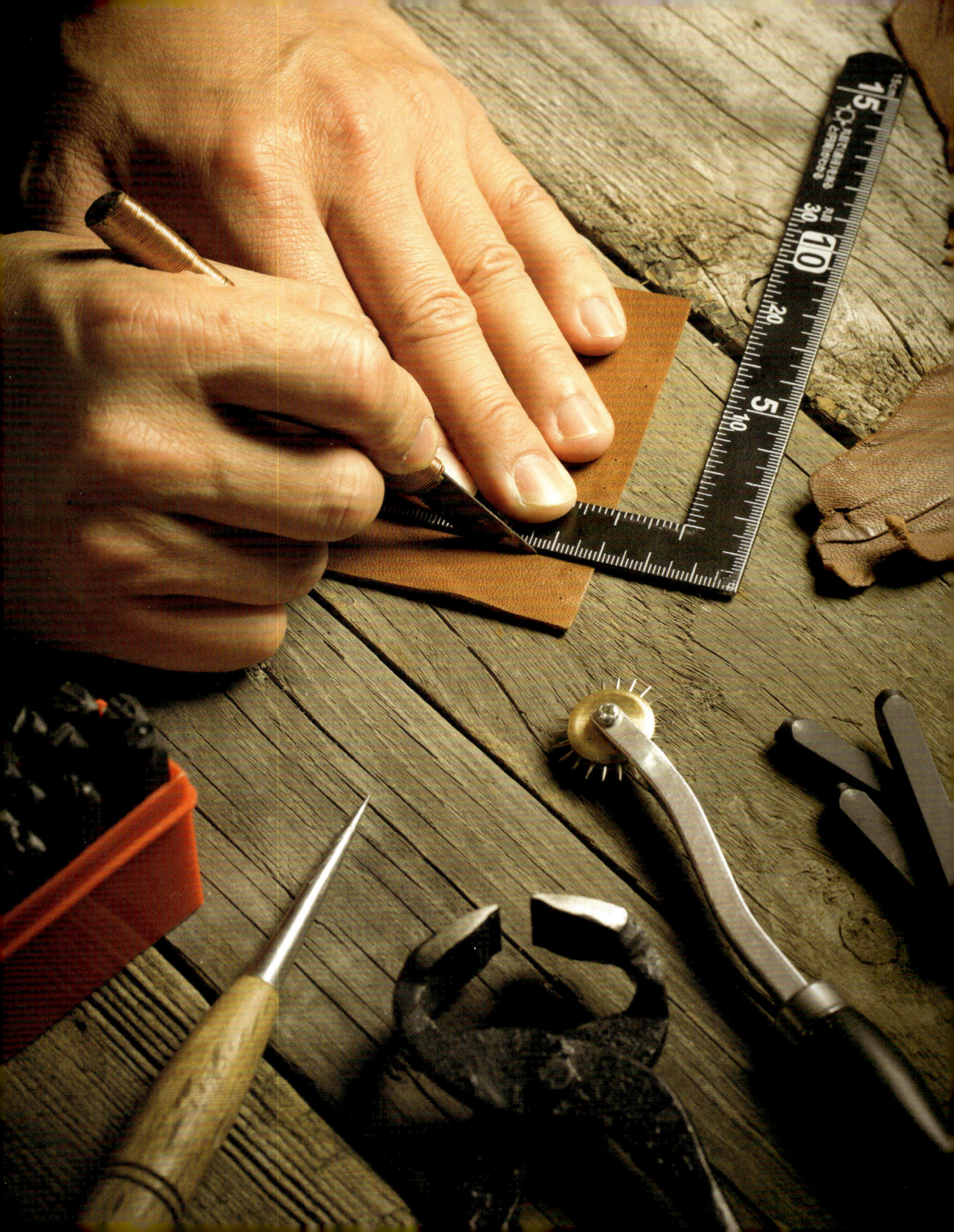

Leder markieren und ausschneiden

Leder markieren

Um ein Schnittmuster auf Leder zu übertragen, nutzen Sie am besten ein Blatt Papier und ein Falzbein. Legen Sie das Papier mit dem nicht ausgeschnittenen Schnittmuster auf die Haarseite des Leders. Dann drücken Sie mit dem Falzbein die Linien auf die Narbenseite des Leders durch, aber nicht zu fest, nur so, dass Sie es gerade sehen können. Sollten Sie sich „verzeichnen", dann können Sie mit der Rückseite des Falzbeins diese Linie wieder entfernen. Danach können Sie das Schnittmuster auf dem Papier ausschneiden. Gerade bei Messerscheiden oder Holstern ist es wichtig, die Form vor dem Ausschneiden des Leders noch einmal zu kontrollieren, nicht dass Sie nachher ein Holster für Linkshänder ausgeschnitten haben, selbst aber Rechtshänder sind. Falls Sie auf der Fleischseite des Leders – die Sie aber nach Möglichkeit nicht zum Anzeichnen nutzen sollten – schreiben müssen, dann benutzen Sie am besten einen weichen 6B-Bleistift oder einen Kugelschreiber. Den Kugelschreiber aber nur, wenn man die Linien später nicht sehen kann, weil sie verdeckt werden.

Auf sämisch gegerbtem Leder ist ein weicher Bleistift ebenfalls das Mittel der Wahl, er lässt sich mit einer flach gehaltenen Klinge leicht abschaben.

Drücken Sie mit dem Falzbein vorsichtig die Linien des Schnittmusters auf die Haarseite des Leders durch.

Leder ausschneiden

Bei sämisch gegerbten Leder sollten Sie mit einer schweren, scharfen Schere entlang der angezeichneten Linie schneiden, denn mit einem Cutter- oder Ledermesser würden Sie das weiche Leder beim Schneiden dehnen und das Schnittmuster würde nicht mehr zu dem ausgeschnittenen Leder passen.

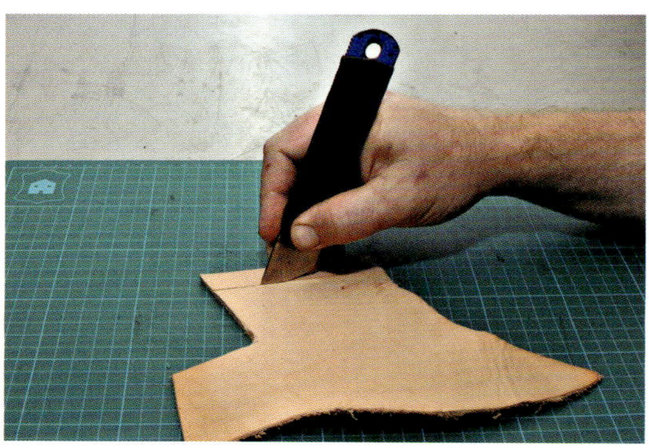

Mit dem Schustermesser schneiden Sie möglichst senkrecht, wobei der abgeschrägte Teil den Abschnitt nach außen drückt und die Schnittkante senkrecht zum „guten" Lederteil steht.

Blankleder schneiden Sie am besten immer von der Narbenseite aus und das möglichst senkrecht. Ein Ledermesser besitzt

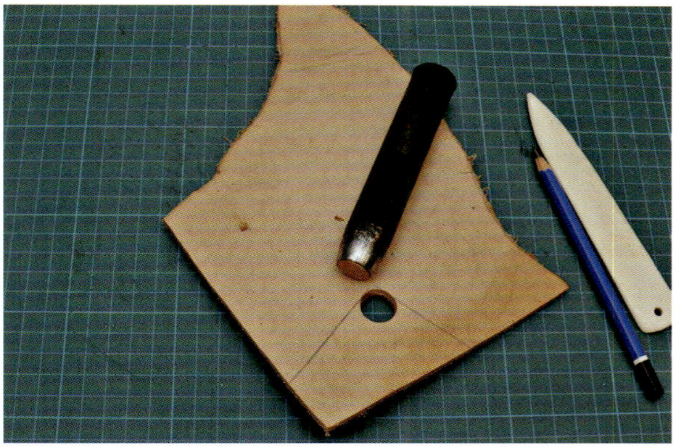

Um Innenkurven sauber zu schneiden, stanzen Sie zuvor die Kurve mit einer Lochpfeife aus.

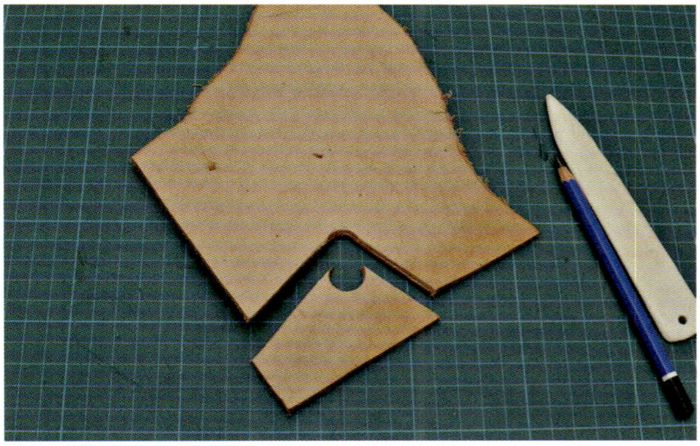

Dann schneiden Sie die anderen Schnitte an den ausgestanzten Kreis heran.

immer eine gerade und eine schräg angeschliffene Seite. Die gerade Seite sollte beim Schneiden immer an Ihrer Markierung anliegen und die schräg angeschliffene Seite immer außerhalb der Markierung in Richtung Abschnitt. So vermeiden Sie eine schräge Kante und falls Sie doch schräg schneiden sollten, dann liegt das „Zuviel" außerhalb der Grenzen.

Einschnitte im Leder, beispielsweise für Gürtelschlaufen an Scheiden oder Holstern, werden erst mit einer Lochzange begrenzt und danach wird der Schlitz bis in die beiden Löcher geführt.

Alle Schnitte im Leder enden immer in einem ausgestanzten Loch, damit sie nicht weiter aufreißen können.

Alle Schnitte im Leder enden immer in einem ausgestanzten Loch, damit sie nicht weiter aufreißen können.

Enge Innenkurven, beispielsweise bei Lederscheiden, werden erst mit einer Lochpfeife vorgestanzt und die geraden Schnitte dann an diesen Kreis herangeführt. Sie müssen die Lochpfeife, gerade die größeren Kaliber, nicht mit einem Hammer einschlagen, es reicht, diese kräftig mit der Hand aufzudrücken und dann zu drehen, das schneidet das Loch wie von alleine aus.

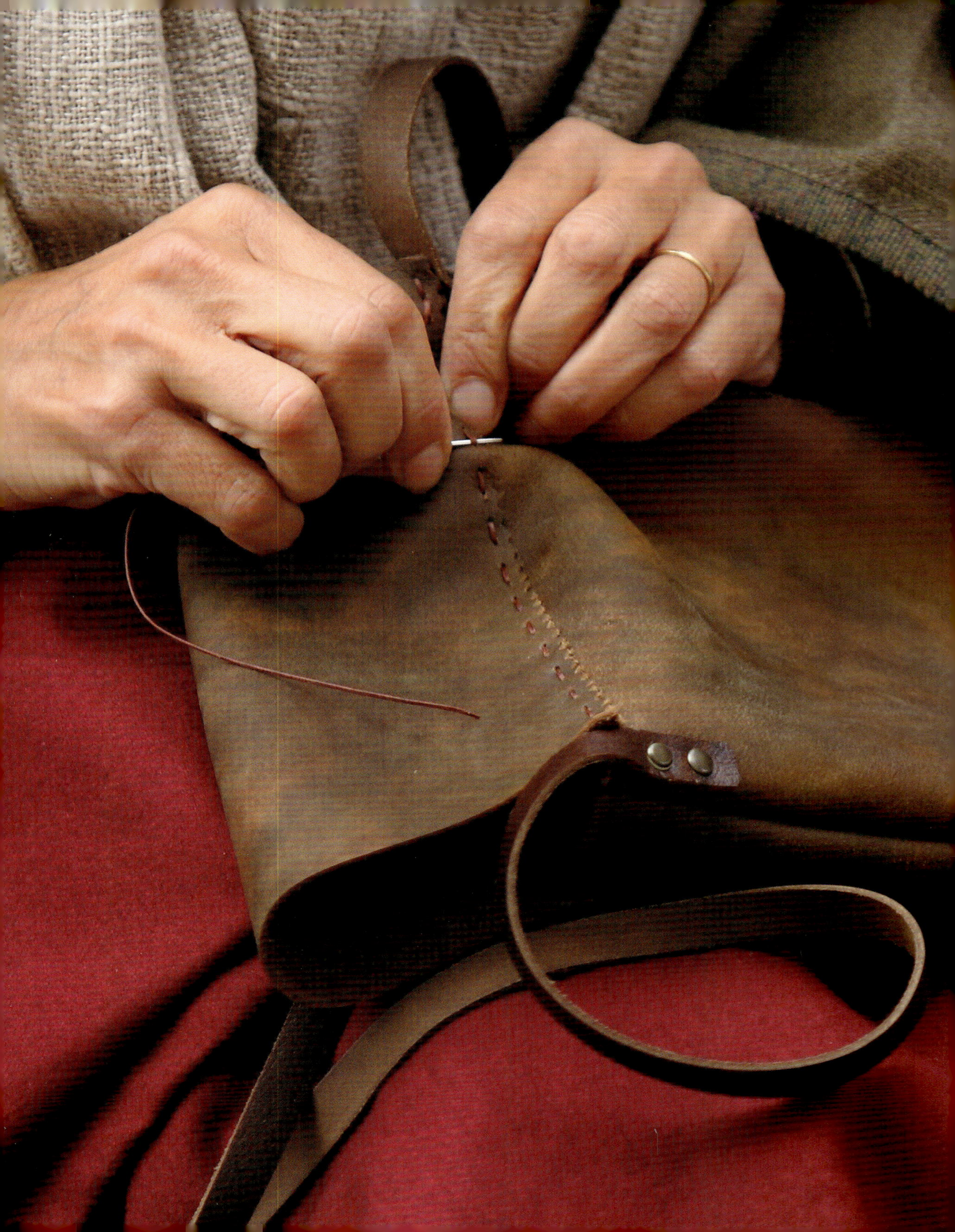

Eine einfache Naht

„Wenn Du lernen willst, ein Schwert zu schmieden, fange mit einem Schürhaken an."

Was eine gute Naht ausmacht

Eine gute Naht hält so lang wie das Leder selbst.

Bei einer guten Naht gibt es vieles zu beachten. Was für viele Neulinge besonders erstaunlich ist, ist die Tatsache, dass eine gute Naht so lange hält wie das Leder selbst. Beim Nähen von Leder gibt es einige Anhaltspunkte und Daumenregeln, die bei Berücksichtigung für ein professionelles Aussehen des Werkes sorgen.

Der Abstand der Naht zu der Kante sollte das Ein- bis Anderthalbfache der einfachen Lederdicke betragen. Ist beispielsweise das Leder einer Messerscheide 4 mm dick, dann sollte die Naht 4-6 mm von der Kante entfernt liegen. Der Lochabstand der Naht sollte ebenfalls das Ein- bis Anderthalbfache der einfachen Lederdicke betragen, auch wenn die Kante durch das doppelte Leder und einen eingelegten Keder 12 mm stark sein sollte.

Wenn Sie zwei Lederriemen miteinander vernähen, dann sollten sich die beiden Stücke mindestens mit der doppelten Lederbreite überlappen, die drei- bis vierfache Riemenbreite ist aber auch nicht verkehrt, noch mehr bringt jedoch keinen Sicherheitsgewinn. Lederriemen, die Zug aufnehmen sollen, werden immer parallel zur Zugrichtung und niemals quer genäht. Durch die Stiche würden Sie die Riemen nur schwächen.

Sollte der Riemen so breit sein, dass jeweils eine Naht rechts und links nicht reichen, dann sollte eine dritte und zur Not noch eine weitere Naht parallel zu den langen Kanten in die Mitte des Riemens genäht werden. Eine andere Möglichkeit beim Vernähen von zwei Riemen ist, die Naht

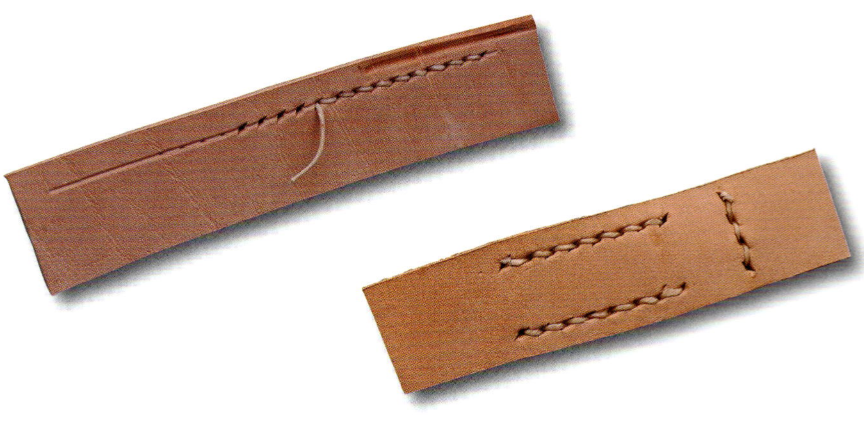

Links: Zuerst zieht man eine Rille, dann werden die Stiche markiert. Mit der Ahle stechen Sie vor und nähen anschließend mit dem Faden. Danach wird die Zierrille eingedrückt und die Kante gebrochen und poliert.

Rechts: Die beiden parallelen Nähte sind ideal, die rechte Naht schwächt das Leder ungemein, hier wird der Riemen reißen

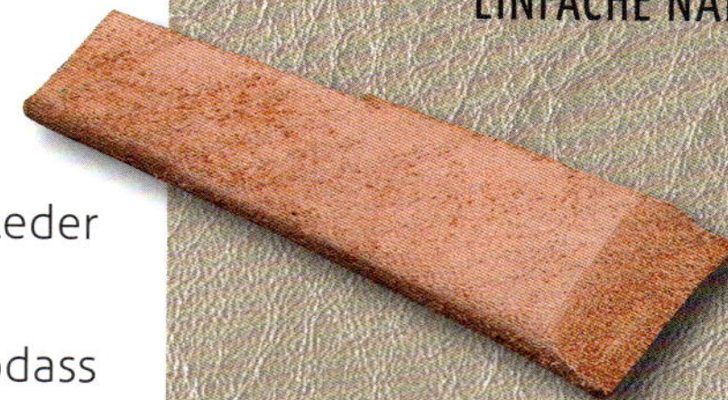

über die Länge des Riemens als Wellenlinie auszuführen, auch diese Methode beeinträchtigt die Zugfestigkeit nicht. Dieses Verfahren findet oft bei Gürteln Anwendung, die mit einem zweiten Leder gedoppelt werden.

Eine gute Naht ist sauber versenkt, das schont den Faden, sodass dieser nicht durchgescheuert werden kann. Wenn zwei Lederstücke aufeinanderliegend vernäht werden sollen, dann sollten die Lederenden zuvor auf die Hälfte oder ein Drittel der Lederstärke ausgedünnt werden und zwar etwa auf der Länge von zwei Stichen.

Eine andere Möglichkeit wäre, das Ende des oberen Lederstücks mit einem Spitzbogen abzuschließen und dieser Linie folgend zu vernähen. Diese Methode findet man oft bei besonders breiten Waffengürteln, die mit einer aufgenähten schmaleren Schnalle geschlossen werden, oder auch an Gürtelschlaufen von Messerscheiden oder Revolverholstern.

Tipp

Je dicker das Leder, desto dicker muss auch der Faden sein und desto größer muss der Nahtabstand und die verwendete Schwertahle gewählt werden.

Leder zum Nähen fixieren

Um zwei oder mehr Lederstücke zusammenzunähen, müssen sie vorher fixiert werden, damit die Teile nicht verrutschen können. Außerdem möchte man mit dem letzten Stich ja auch so herauskommen, dass alle Teile immer noch fluchten. Bei geraden Nähten ist das kein großes Problem, aber beispielsweise bei Messerscheiden, die aus einem umgeklappten Lederstück aus 4 mm Sattelleder mit eingelegtem Keder bestehen, ist das schon eine Herausforderung. Diese Stücke stehen unter Spannung und müssen auch noch ausgerichtet und in dieser Stellung fixiert werden. Kleber ist für eine leichte Fixierung sicherlich geeignet, die Stücke können sich aber trotzdem gegeneinander verschieben und sich im schlimmsten Fall auch wieder voneinander lösen. Besonders bei dünnen Zwischenlagen ist Kleber nicht ausreichend. Bei Gürtelschnallen, die durch einfaches Umlegen des Leders festgenäht werden, spricht aber nichts gegen die Verwendung von Kleber.

Um Lederstücke für das Nähen zu fixieren, werden diese vorsichtig mit dünnen, nicht zu kurzen Nägeln zusammengenagelt. Nägel sind quasi die Stecknadeln des Sattlers. Bevor Sie beginnen, sollten Sie die Rille für die Naht ausgehoben und die Löcher mit dem Prickrädchen angezeichnet haben.

Um Lederstücke für das Nähen zu fixieren, werden diese vorsichtig mit dünnen, nicht zu kurzen Nägeln zusammengenagelt.

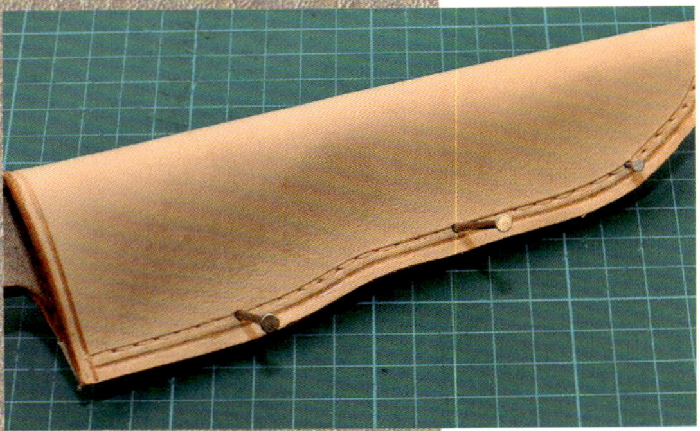

Alle fünf bis zehn Stiche schlagen Sie nun vorsichtig einen Nagel ein, sodass er auf der anderen Seite genau an der vorgesehenen Stelle in der Naht herauskommt. Bei Messerscheiden ist es vorteilhaft, zuerst am oberen und unteren Ende der Naht jeweils einen Nagel einzuschlagen, danach die Mitte und erst zum Schluss die beiden Stücke dazwischen zu fixieren. Je mehr Spannung auf den Lederstücken liegt, desto mehr Nägel benötigen Sie. Die Nägel bleiben so lange im Leder stecken, bis sie beim Nähen stören, dann werden sie einfach herausgezogen und können wiederverwendet werden.

So sticht man die Löcher

Viele Anfänger kommen vom Messermachen zum Ledernähen und möchten nun Scheiden herstellen. Daher sind sie meist mit einer Metallwerkstatt hervorragend ausgestattet und verfügen über eine Ständerbohrmaschine. Was liegt da näher als die Löcher für den Faden sauber vorzubohren? Einfach einen feinen Bohrer mit 1,5 mm einspannen und schon geht es los. Das Ganze hat aber einen entscheidenden Nachteil: Der Bohrer schneidet Material weg und wirft es als Späne aus, somit ist und bleibt das Loch 1,5 mm im Durchmesser. Es kann sich nicht mehr schließen und das runde Loch bleibt immer sichtbar. Zusätzlich schwächt der Materialverlust das Leder. Bohren mag zunächst attraktiv wirken, aber vom handwerklichen her ist es die schlechteste Wahl.

Die Löcher für das Nähen von Leder sollten daher immer mit Ahlen gestochen werden: Bei Blankleder mit im Querschnitt rautenförmigen, den sogenannten Schwertahlen, und bei sämisch gegerbtem Leder mit Rundahlen. Letztere verdrängen im Sämischleder nur das Material, entfernen es aber nicht wie es mit einer Lochzange oder Bohrmaschine der Fall wäre. Beim Blankleder wird mit der Schwertahle ebenfalls kein Material entfernt. Durch den leicht schräg gestellten Stich ergibt sich auch keine Risskante, die das Material schwächen könnte. Zusätzlich zieht sich das Garn in das eine und andere Ende des Stichs und die Naht sieht trotz anfänglich ungleichmäßig gesetzter Stiche relativ ordentlich aus. So erzielen Sie auch als Anfänge bereits mit wenig Übung tolle Resultate.

Nahtlöcher sollten immer mit Ahlen gestochen werden.

Beim Stechen der Löcher ist es wichtig, diese mit Augenmaß und Geschick so zu stechen, dass die Ahle an der anderen Seite des Leders auch in der Rille für die Naht wieder heraustritt. Auch wenn die Rückseite naturgemäß nicht ganz so schön ist wie die sichtbare Vorderseite, sollte der Faden trotzdem in der Rille zu liegen kommen, um vor Abnutzung geschützt zu sein.

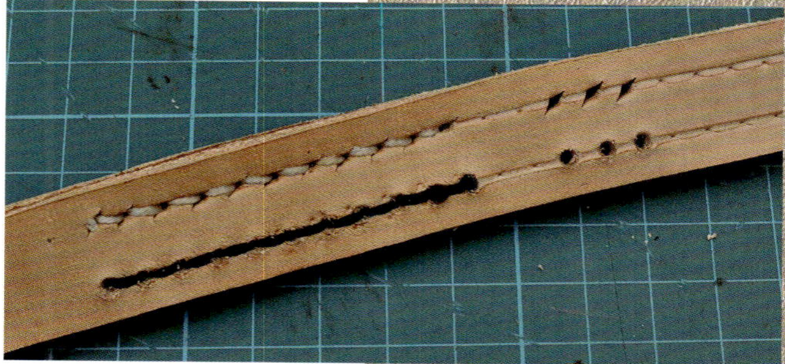

Zum Vergleich: Die Naht mit den mit einer Ahle vorgestochenen Löchern oben und unten, mit schwarzem Faden genäht, die mit einem Spiralbohrer gebohrten Löcher – der ästhetische Unterschied ist gewaltig.

Das Nähen

Für eine gute und optisch ansprechende Naht ist es wichtig, möglichst gleichmäßig zu arbeiten und immer in derselben Art und Weise. Für das Nähen wird das Werkstück in einen Nähkloben eingespannt. Zum Anfang sollten Sie lange, gerade Stücke nähen, da sich diese leichter spannen lassen als kurze, runde Nähte.

Die einzelnen Stiche sind nicht in einer Linie angeordnet, sondern leicht schräg. Das sorgt dafür, dass sich keine Risskante bilden kann.

Der ideale Winkel für den Fadenverlauf ist, von vorne auf die Naht geschaut, von „zwei Uhr auf acht Uhr". Dabei sollten Sie versuchen, die Kerbe für die Naht auf der anderen Seite zu treffen. Das kann bei dickem Leder manchmal einfacher sein, als bei weichem Leder, da letzteres beim Nähen gerne wegrutscht. Wenn Sie merken, dass Sie die Naht versetzen, ziehen Sie die Ahle ein Stück zurück, verändern den Winkel und stechen erneut, in der Hoffnung nun zu treffen.

Beim Nähen bewegen Sie sich in der Regel von hinten auf sich zu. Weiterhin wird die erste Nadel immer von der Rückseite des Leders ein-

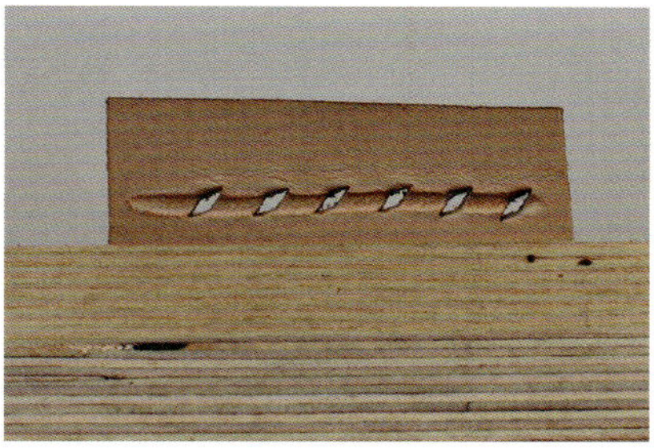

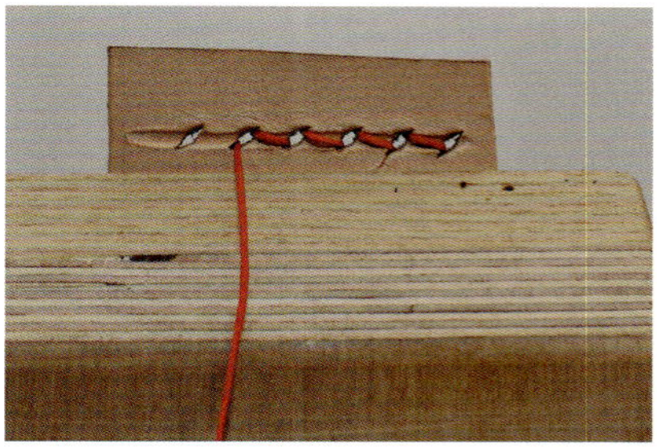

gestochen und dann die Nadel von der Vorderseite. Versuchen Sie das immer in der gleichen Art und Weise zu tun, nur so sieht die Naht nach dem Nähen auch gleichmäßig aus.

Beim Nähen kommt es auch auf ein effektives Arbeiten an, dazu hat sich in den Jahrhunderten folgendes Verfahren herauskristallisiert: Sie greifen als Rechtshänder mit der rechten Hand die Ahle, diese wird während des gesamten Vorgangs nicht mehr weggelegt und halten zusätzlich eine Nadel in dieser Hand. In der linken benötigen Sie nur eine Nadel. Dann stechen Sie mit der Ahle von rechts nach links durch das Leder, bewegen die Ahle etwas hin und her, um das Loch zu weiten, und ziehen sie wieder heraus. Schieben Sie als nächstes die Nadel in Ihrer linken Hand von der Rückseite durch das Loch, so weit es geht. Jetzt legen Sie die rechte Nadel im rechten Winkel unter die linke. Greifen Sie beide Nadeln, drehen Sie die Hand und schieben Sie die rechte Nadel durch das Loch. Dabei halten Sie weiterhin die Ahle in der rechten Hand und mit der linken Hand ziehen Sie den linken Faden nach unten, um die rechte Nadel über dem linken Faden einzustechen. Versuchen Sie dabei den Faden nicht anzustechen, denn dann lässt er sich später nicht strammziehen.

Rechts: Ahle und Nadel
Links: Nadel
Linkshänder bitte andersheum

Sobald die rechte Nadel links herausschaut, greifen Sie diese mit der linken Hand und ziehen den Faden durch. Jetzt greifen Sie beide Fäden – zur Not greifen Sie nach, falls der Faden zu lang ist – und ziehen beide Fäden und damit die Naht fest. Nun befindet sich in der linken Hand eine Nadel und in der rechten Hand eine Nadel und eine Ahle (immer noch). Stechen Sie mit der Ahle das nächste Loch. Dabei können Sie die Nadel in der Hand nach hinten geben und die Ahle nach vorne holen oder Sie arbeiten mit der Ahle aus der „hohlen Hand" heraus. Was für Sie persönlich einfacher ist, wird sich im Laufe der Zeit herauskristallisieren. Jetzt wird wieder die linke Nadel durchgestochen, die rechte im rechten Winkel unter die linke Nadel gelegt und diese herausgezogen. Jetzt müssen Sie wieder die Fäden sortieren, die beiden Nadeln um 90 Grad drehen und die rechte durchstechen, die Fäden durchziehen und den Stich strammziehen.

Stechen Sie mit der Ahle ein Loch und vernähen Sie dann sofort.

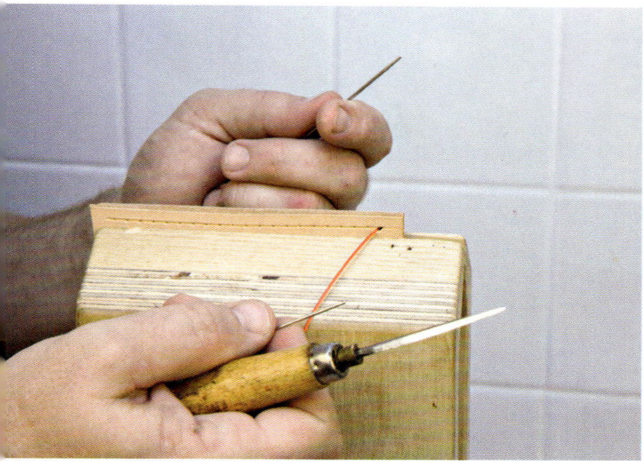

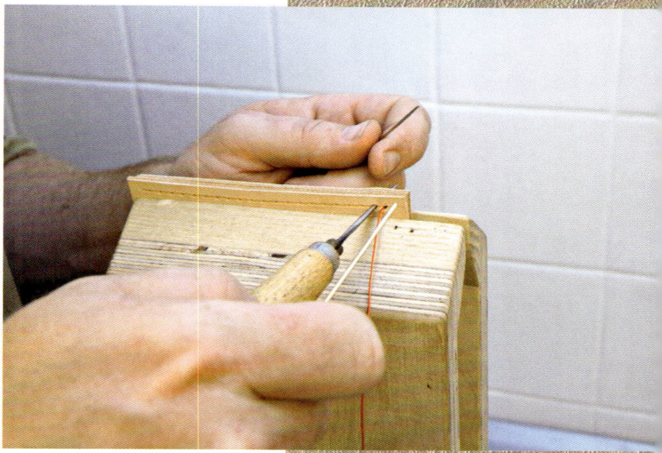

Stechen Sie das erste Loch und fädeln Sie den Faden durch, sodass er auf beiden Seiten gleich lang ist. In der rechten Hand halten Sie die Ahle und eine Nadel, in der linken Hand halten Sie nur die zweite Nadel.

Stechen Sie das zweite Loch.

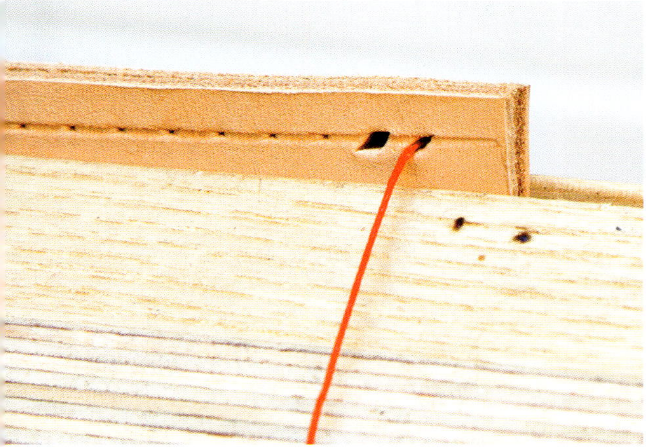

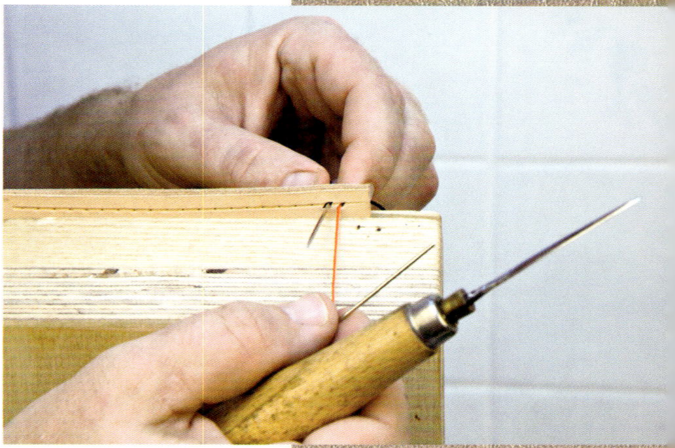

Das Loch sollte von rechts oben nach links unten zeigen.

Stechen Sie mit der linken Hand zuerst durch das Loch, es wird immer zuerst die linke Nadel durchgestochen.

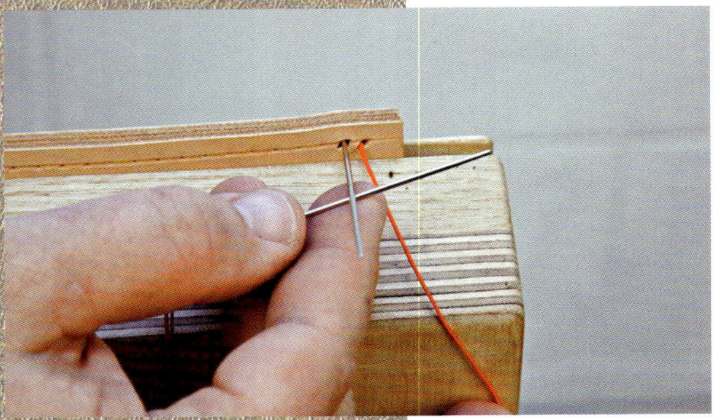

Die linke Nadel wird nur so weit eingestochen, bis Sie sie mit der rechten Hand greifen können. Dann legen Sie die rechte Nadel in der Mitte im rechten Winkel unter die linke Nadel.

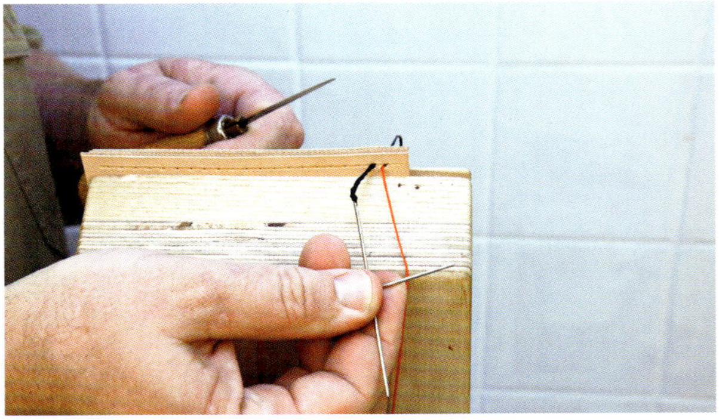

Greifen Sie beide Nadeln mit Daumen und Zeigefinger am Überkreuzungspunkt und ziehen Sie die linke Nadel komplett durch das Loch. Den Faden nicht komplett durch das Loch ziehen, das geschieht erst später.

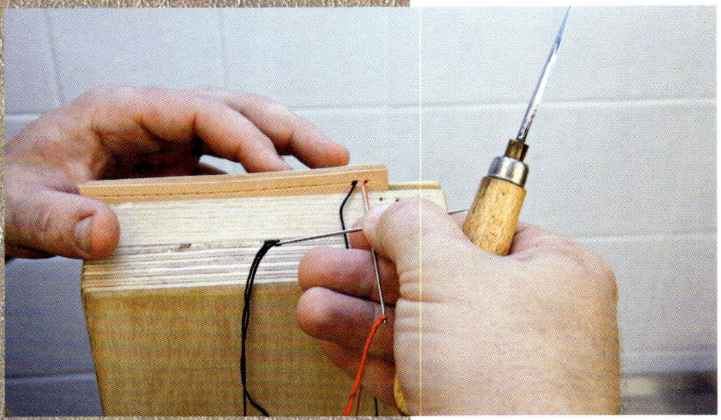

Jetzt mit der rechten Nadel durchstechen, dabei über dem linken Faden bleiben.

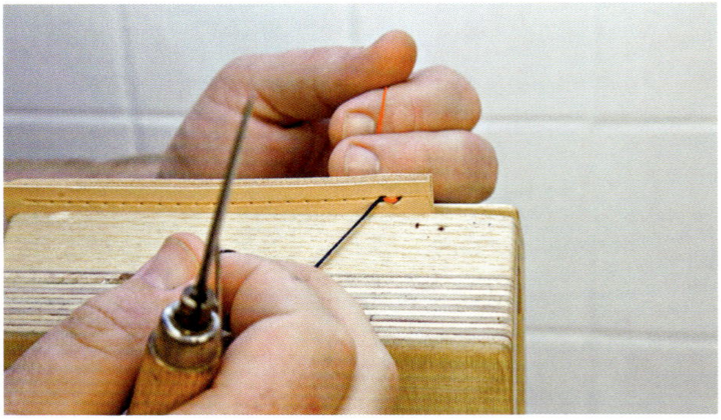

Greifen Sie die rechte Nadel nun mit der linken Hand und ziehen Sie beide Fadenenden vorsichtig stramm.

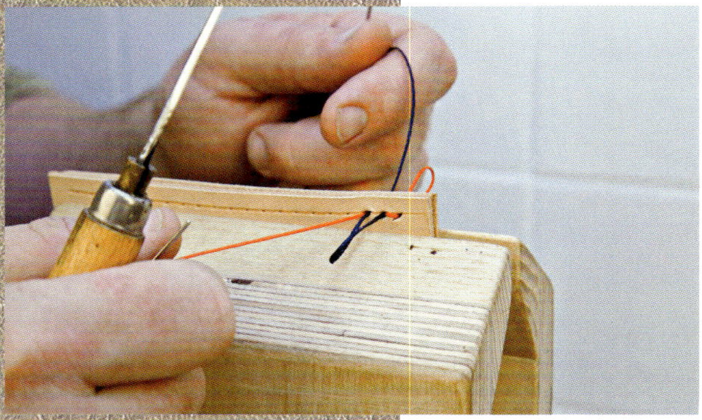

So nähen Sie weiter bis ans Ende.

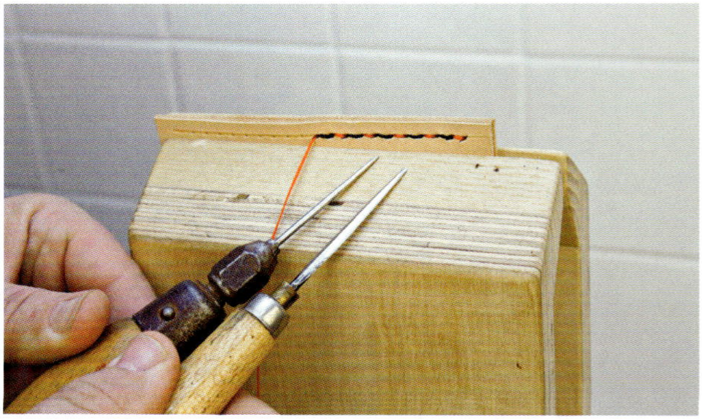

Um die Naht zu beenden wechseln Sie zu einer Ahle mit rundem Querschnitt.

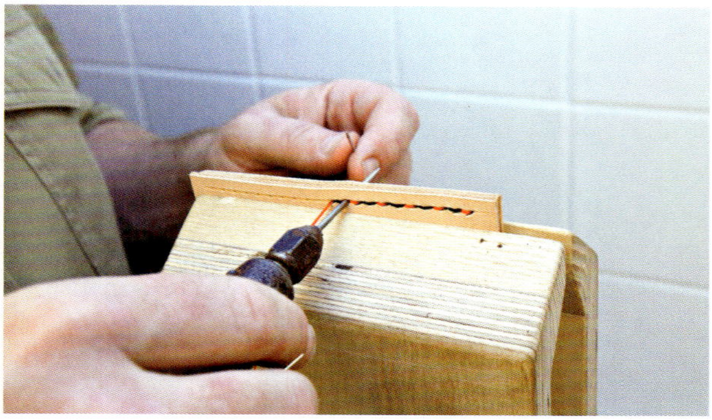

Weiten Sie mit der runden Ahle das erste Loch auf dem Weg zurück und stechen Sie zuerst die linke Nadel durch das Loch.

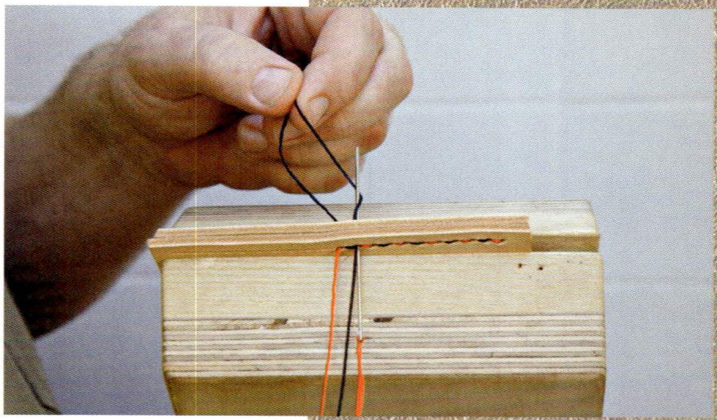

Wenn die rechte Nadel noch im Loch steckt, schlingen Sie den linken Faden einmal um die Nadel, so schaffen Sie einen Knoten, der in der Lederschicht zu liegen kommt.

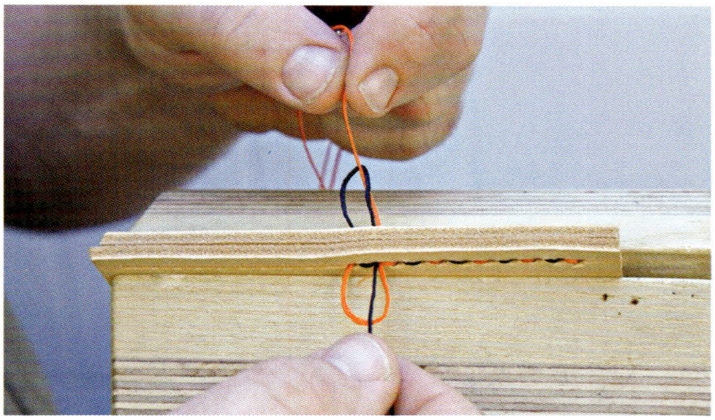

Diesen Knoten müssen Sie besonders sorgfältig strammziehen.

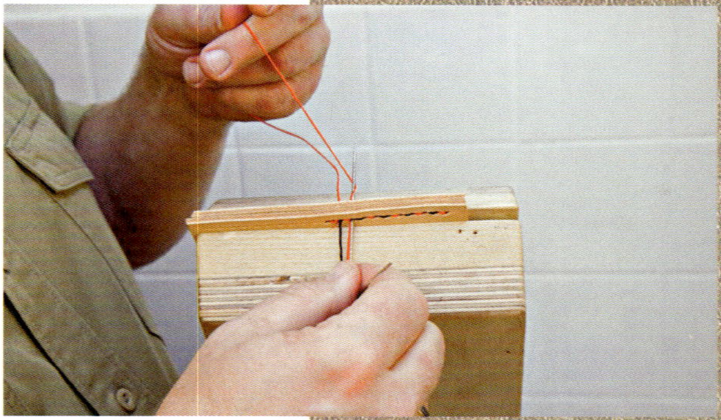

Der zweite Stich zurück wird ebenfalls sorgfältig verknotet, damit ist die Naht fertig und wird sich so nicht mehr von selbst lösen.

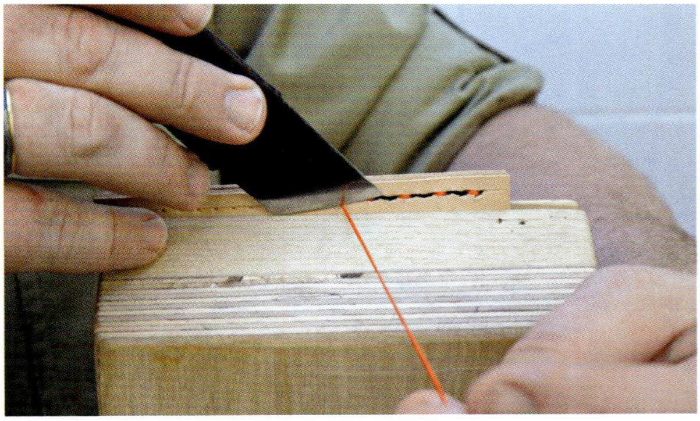

Schneiden Sie die Fadenenden bündig ab.

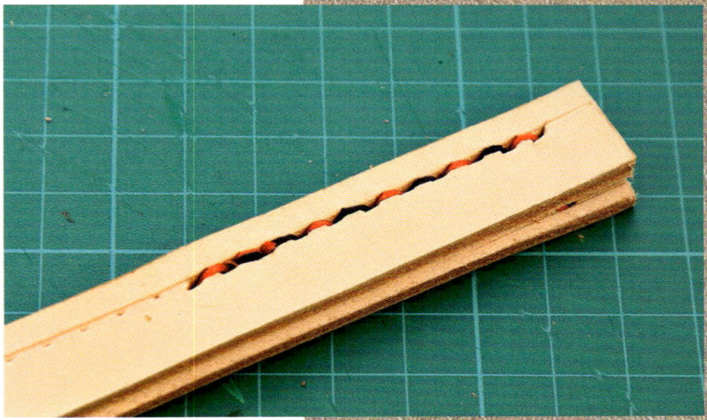

Die Naht versinkt in der vorher ausgehobenen Rille.

Das Versäubern einer Naht

Der Anfang einer Naht ist einfach gemacht – nur den Faden durchziehen und nähen. Das Ende einer Naht ist aber immer eine Herausforderung. Je nach Garnart und Aufgabe des jeweiligen Werkstücks sehen das Ende und die Verknotung der Naht unterschiedlich aus. Bei Kunststoffgarn ist es am einfachsten, die Enden einfach mit 5 mm Überhang abzuschneiden und mit einem Feuerzeug zu verschmelzen. Bei gewachsten Hanffäden werden die letzten beiden Stiche noch einmal zurückgenäht. Das benötigt natürlich mehr Platz im Loch, sodass Sie in diesem Fall bereits mit der Schwertahle ein etwas größeres Loch stechen sollten. Falls die Löcher dennoch bereits nach dem ersten Durchgang zu voll sein sollten, müssen Sie mit einer Ahle wieder Platz schaffen. Dazu verwenden Sie am besten eine Rundahle, denn eine Schwertahle würde den bereits vorhandenen Faden im Loch beschädigen. Bevor Sie die letzten Stiche setzen, sollten Sie den Faden nochmals einpechen, denn das sorgt für eine zusätzliche Verklebung. Die letzten beiden Stiche zurück verknoten Sie im Leder, indem Sie einen Faden einmal um den anderen schlingen, sodass dieser einfache Knoten nach dem Strammziehen im Leder liegt. Die überstehenden Enden werden bündig abgeschnitten und mit dem Falzbein in die Naht eingearbeitet, sodass sie optisch verschwinden. Falls Sie mit dem Falzbein noch unsicher sind, können Sie beim Zurückstechen auch so aufhören, dass sich beide Enden auf der Rückseite des Werkstücks befinden, und diese anschließend verknoten.

Vor den letzten Stichen den Faden nochmals pechen.

Bei dieser Schlaufe wird die Naht auseinandergezogen, daher ist das Ende zusätzlich gesichert.

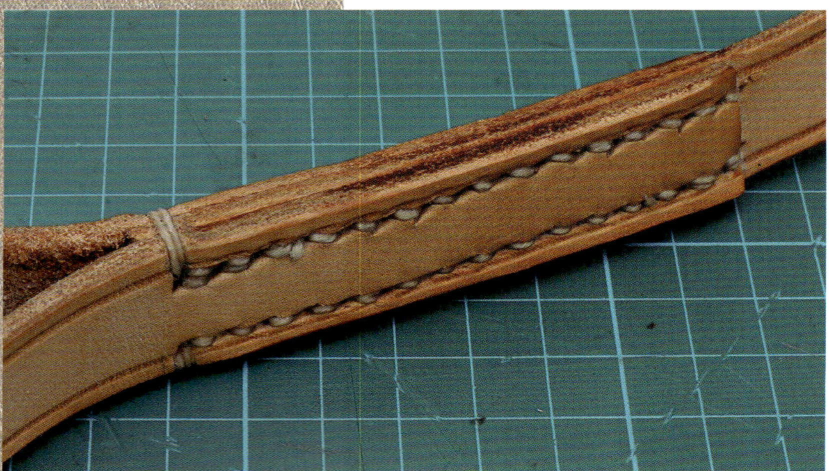

Bei einige Nähten – vorzugsweise, wenn zwei Lederteile auseinandergezogen werden – kann man noch einmal die beiden Fäden nach außen um die Kante des Leders führen. Beachten Sie aber, dass die Fäden schnell durchscheuern, wenn Sie diese nicht in einer Kerbe versenken, die vorsichtig mit dem Schustermesser geschnitten werden sollte.

Fäden verbinden

Wie oben schon besprochen ist der Faden immer nur eine Armspanne lang. Dadurch ist auch die Länge der Naht auf 20 bis 30 cm begrenzt. Bei längeren Nähten kann man in die Versuchung kommen, den Faden abzuschneiden und einen neuen Faden anzuknoten. Genau das sollten Sie aber nicht tun, denn Sie wissen nie genau, wo der Knoten zu liegen kommt – im schlimmsten Fall liegt er dann zwischen den Lederlagen und beult diese aus.

Sollten Sie noch ein relativ langes Ende an den beiden Nadeln übrig haben, sodass Sie damit durchaus noch eine Gürtelschlaufe nähen könnten, dann geht das wie folgt: Knoten Sie die beiden Enden zusammen und stechen Sie mit der einen Nadel von der Innenseite der Naht nach außen und mit der anderen Nadel von innen zur anderen Seite nach außen. Jetzt liegt der Knoten oben und außerhalb der beiden Lederlagen. So können Sie wie mit einem neuen Faden zunächst zwei Stiche zurück und dann in die normale Richtung weiternähen. Zum Schluss wird der außen überstehende Knoten abgeschnitten.

Bedenken Sie beim Ausnutzen der letzten Zentimeter des Garns, dass die Enden an der Nadel am stärksten strapaziert werden und dort auch Wachs und Pech schnell wieder abgerieben werden. Damit der Faden am Ende – und bei den beiden Rückstichen – sicher hält, sollten Sie diesen vor den letzten fünf Stichen nochmals pechen und wachsen.

Bei langen Nähten, wie beispielsweise an Revolverholstern, Schwertscheiden und ähnlichem, sollten Sie den Wechsel zu einem frischen Faden rechtzeitig einleiten, sobald Sie bemerken, dass er nicht ausreichen wird. Das ist besser, als wenn Sie erst auf den letzten fünf Stichen noch einen neuen Faden einsetzen, und wie es der Zufall so will, genau an der Stelle der Naht, die die größte Belastung auszuhalten hat.

Um einen neuen Faden ins Spiel zu bringen beenden Sie das Nähen mit dem alten Faden, indem Sie den letzten Stich strammziehen und die beiden Fadenenden über der Lederkante zusammenknoten. Das dient dazu, den Faden später besser versäubern zu können. Den neuen Faden stechen Sie mit zwei oder drei Stichen in die alte Naht ein und nähen diese beiden oder drei Stiche somit einfach doppelt. Dann können Sie ganz normal weiternähen. Zum Schluss schneiden Sie den Knoten auf und die beiden Fadenenden bündig ab.

Rechtzeitig den Wechsel auf einen frischen Faden einleiten!

Das Anflicken von Fäden ist bei langen Nähten üblich. Vermeiden Sie einen zu langen Faden, da dieser während des Nähens immer mehr Wachs und Pech verliert und dann nicht mehr so strapazierfähig ist. Ein neuer Faden ist immer die bessere Lösung.

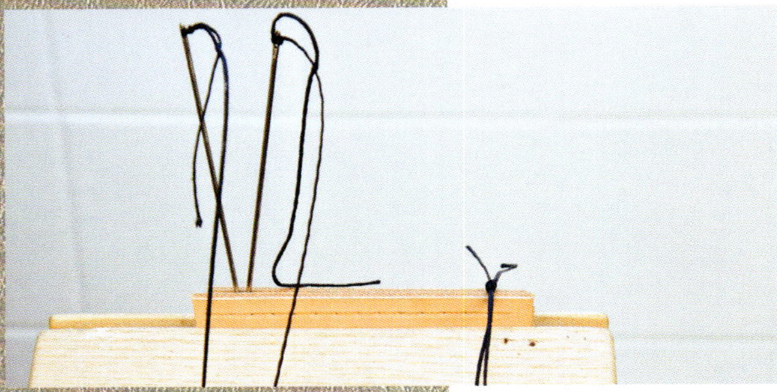

Knoten Sie die freien Enden des Fadens zusammen.

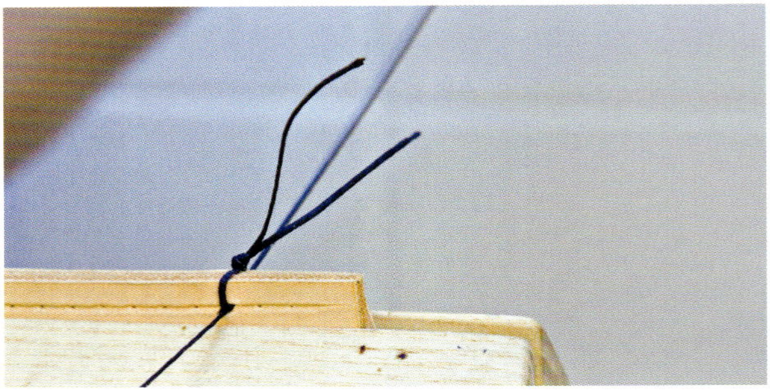

Beginnen Sie mit der Naht zwei Stiche vom Ende entfernt und stechen Sie ein Loch. Führen Sie die Nadeln so von beiden Seiten durch das Leder, dass der Knoten über die Kante geht, hier wird er später abgeschnitten.

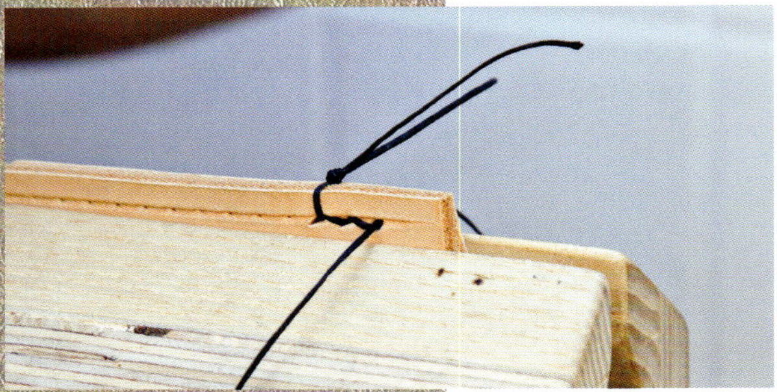

Nähen Sie zunächst zwei Stiche von sich weg zum Ende der Naht.

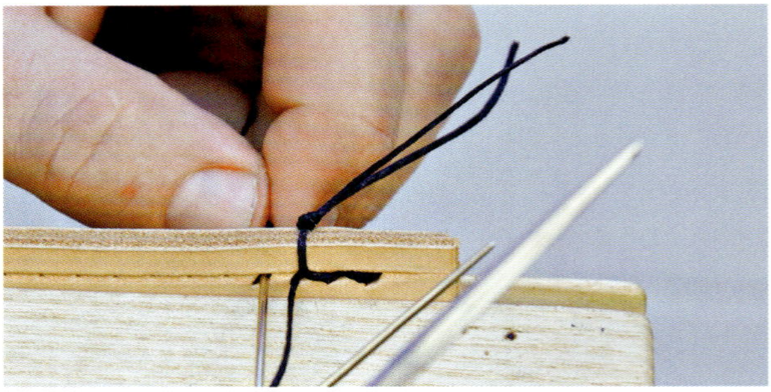

Dann nähen Sie zwei Stiche mit einer runden Ahle zurück über den Anfang und dann mit einer Schwertahle weiter.

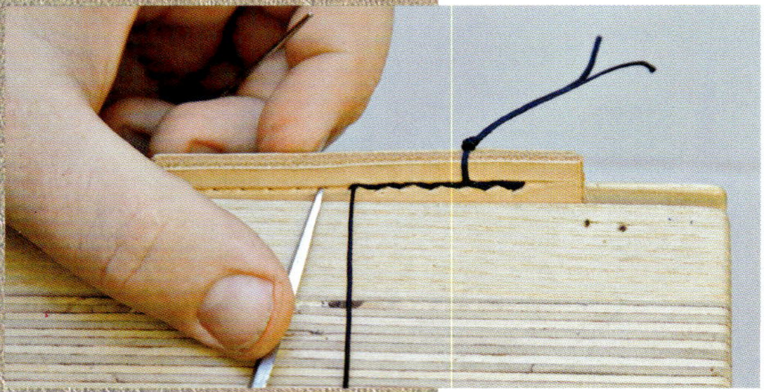

Hier können Sie die Naht weiter fortsetzen.

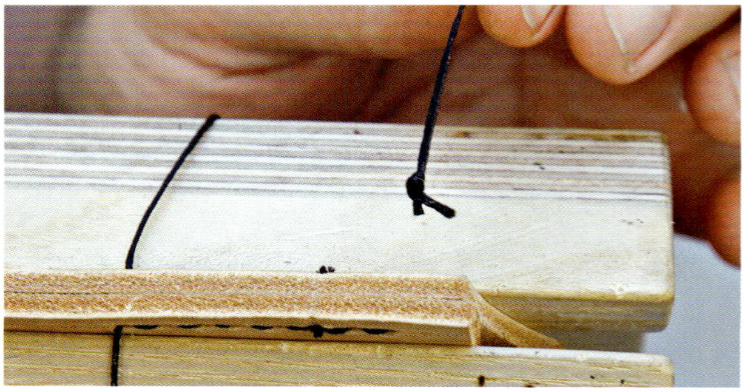

Zum Schluss schneiden Sie den Knoten bündig an der Naht ab.

Lederriemen miteinander vernähen

Die beiden Enden der Lederriemen werden zunächst aufeinandergelegt und die Überlappung wird angezeichnet. In diesem Bereich dürfen Sie die Kanten noch nicht brechen, da diese Teile aufeinanderliegen und nach dem Nähen eine gemeinsame Kante bilden. Die jeweilige Fleischseite der Lederriemenenden werden etwa zwei Zentimeter, vom Ende aus, auf einen Millimeter Lederstärke ausgedünnt.

Zeichnen Sie nun die Naht an, heben Sie die Rille für die Naht aus und markieren Sie den Abstand der Stiche. Dann heften Sie beide Teile mit Nägeln zusammen. Beginnen Sie mit der Naht an einer Seite und arbeiten Sie sich bis zum Ende vor, dann stechen Sie zwei Stiche zurück und schneiden den Faden bündig ab.

Der ungeschützete Faden liegt später zwischen den Lederlagen.

Auf der anderen Seite wird die Naht ebenso ausgeführt, mit dem Unterschied, dass hier mit einem angeflickten Faden gearbeitet wird. Dazu verknoten Sie die beiden Enden des Fadens und beginnen zwei Stiche vor dem Ende. Führen Sie die eine Nadel von links und die andere von rechts durch das Loch, sodass der Knoten auf der Kante des Leders zu liegen kommt. Dann nähen Sie die beiden Stiche zum Ende des einen Riemens, dann wieder zurück und bis zum anderen Ende der Naht. Von dort ebenfalls zwei Stiche zurück, um den Faden zu sichern. Schneiden Sie die beiden Fadenenden und den Knoten mit den beiden Enden ab. Mit dem Falzbein oder dem Prickrädchen glätten und egalisieren Sie abschließend die Naht.

Die Lederstücke sollten wenigstens auf der Länge der dreifachen Riemenbreite vernäht werden.

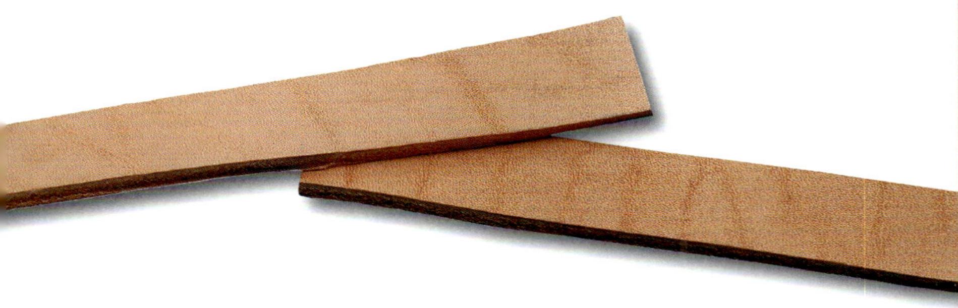

Zwei Riemen gleicher Stärke sollen verbunden werden, wobei die Narbenseite immer auf einer Seite liegt.

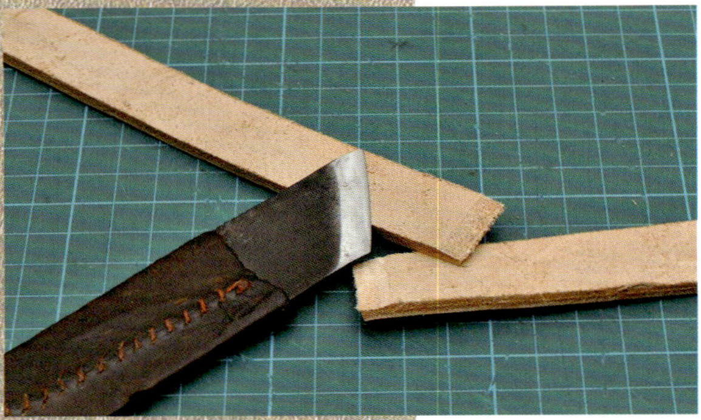

Schärfen Sie zunächst die Enden auf ein Drittel der Lederstärke.

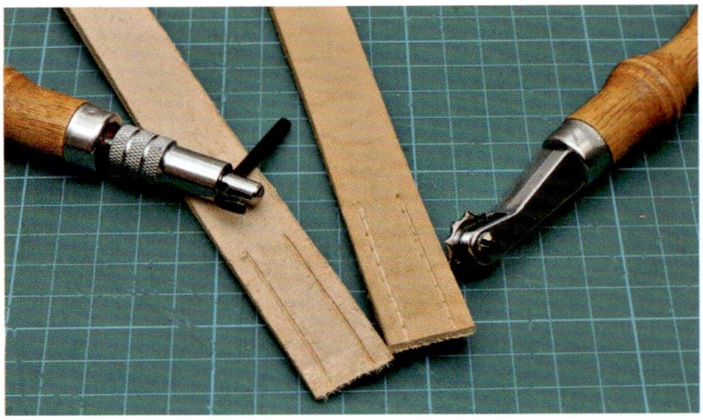

Ziehen Sie eine Rille zum Versenken der Naht und markieren Sie die Stiche.

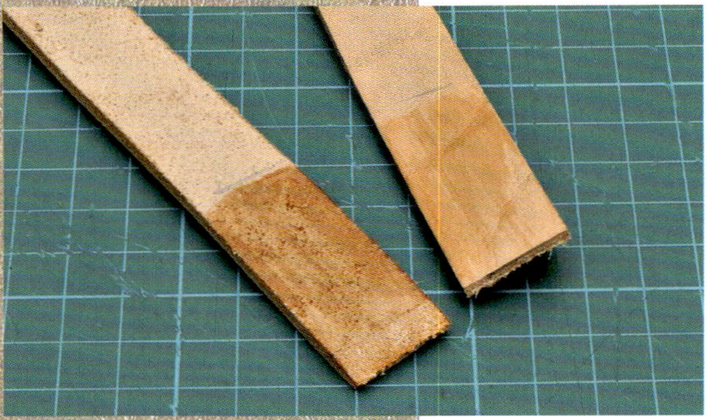

Sie können die Riemenenden auch mit Nägeln zusammenheften, aber mit Kleber, wie hier, ist es einfacher.

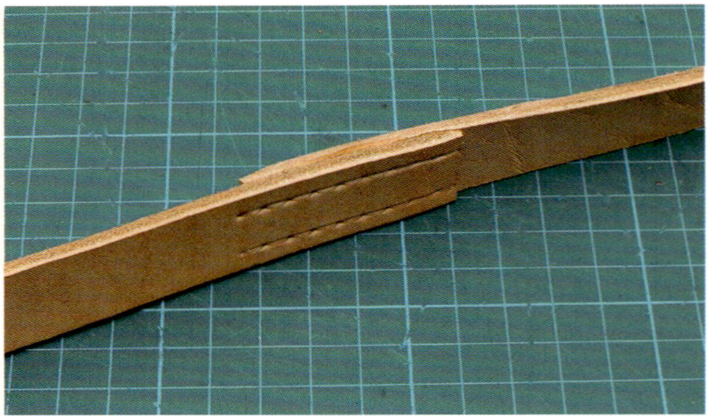

Die Enden sind passend zusammengeklebt und können nun genäht werden.

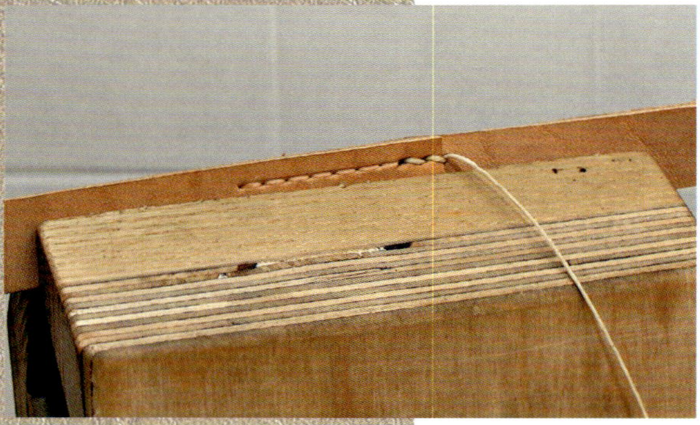

Die ersten zwei Stiche gehen zunächst zurück, um an dieser wichtigen Stelle den Faden zu doppeln.

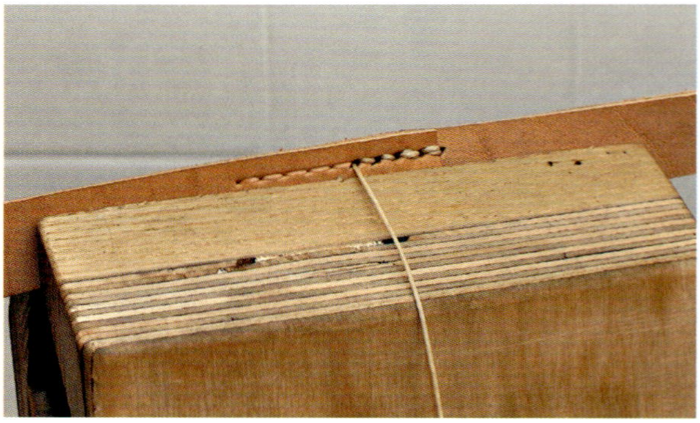

Dann nähen Sie zum anderen Ende der Naht.

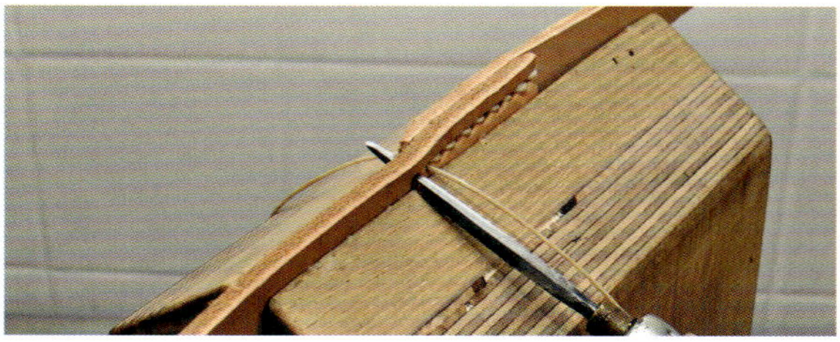

Das letzte Loch geht wiederum nur durch eine Lederlage und darf nicht zu groß gestochen werden.

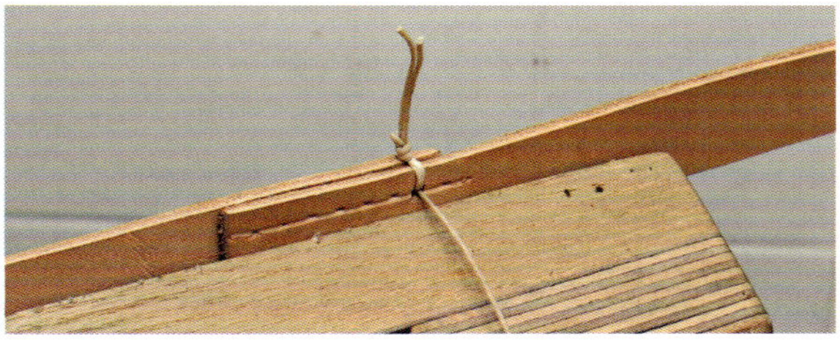

Um Faden zu sparen knoten Sie die beiden Enden zusammen und führen den Faden über die Kante.

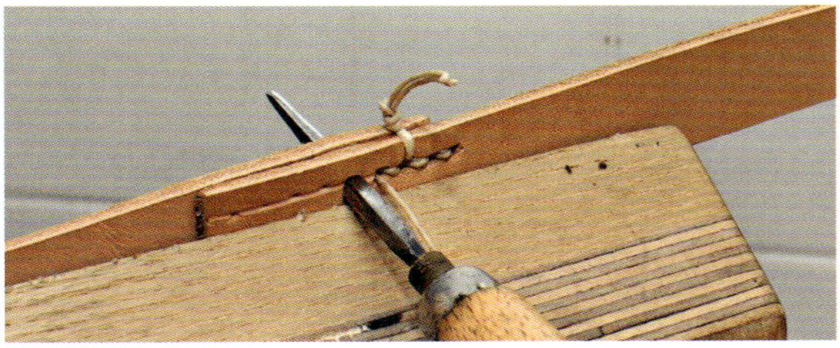

Dann nähen Sie in die andere Richtung.

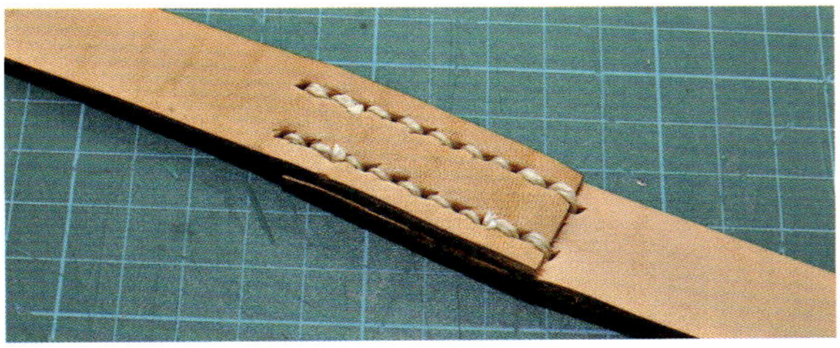

Die Enden der Nähte sind gedoppelt und ziehen die Kante der Riemen nach unten, um einen glatten Übergang zu schaffen.

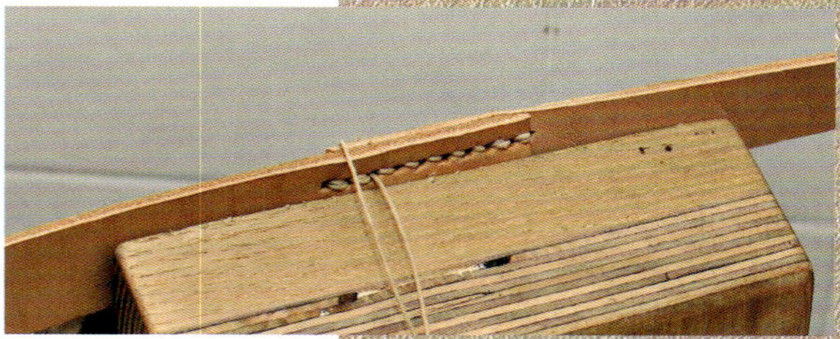

Nähen Sie noch zwei Stiche zurück, schneiden Sie die Fäden bündig ab und drehen Sie das Werkstück um.

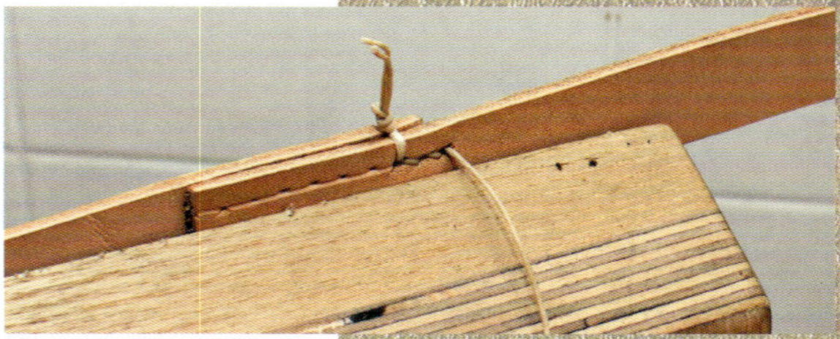

Nähen Sie zunächst zwei Stiche nach rechts.

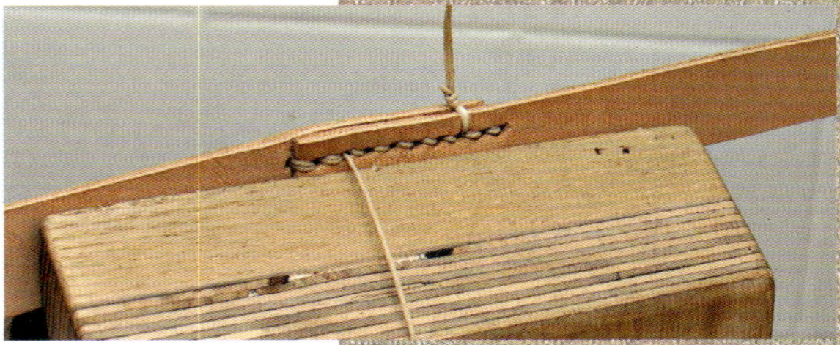

Am Ende wieder zwei Stiche zurück.

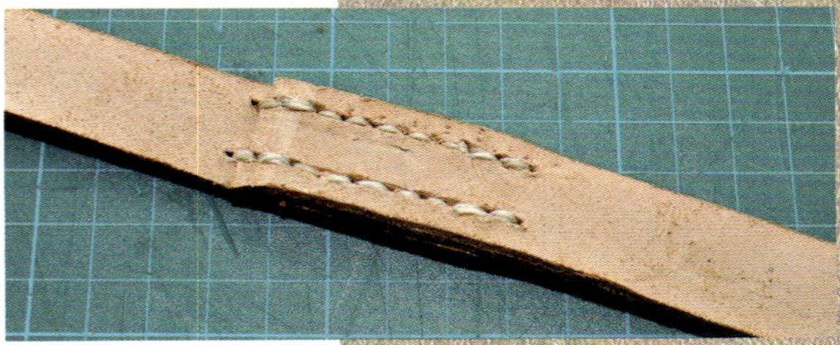

Auch die Rückseite der Naht ist gelungen.

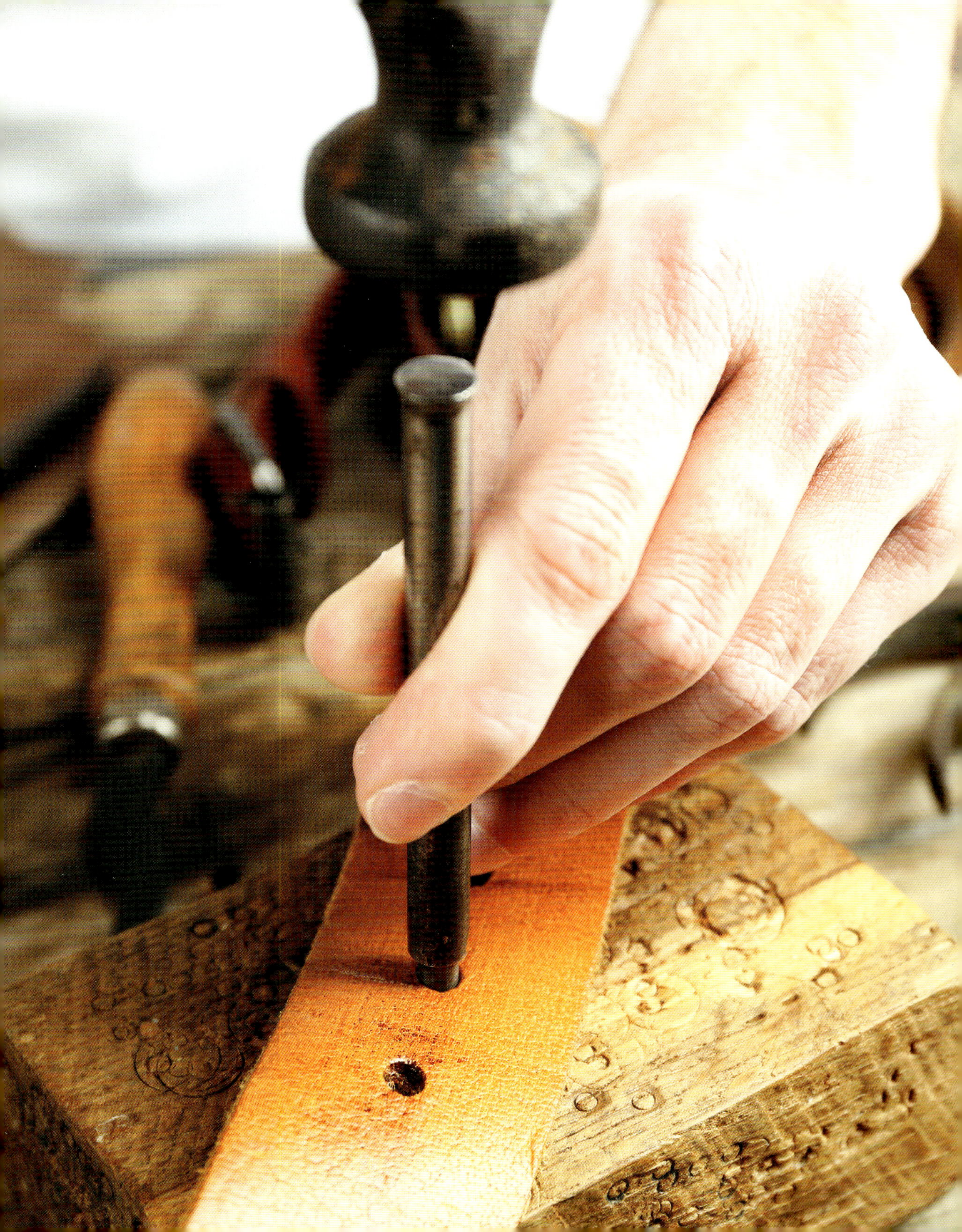

Projekte

Einen Gürtel nähen

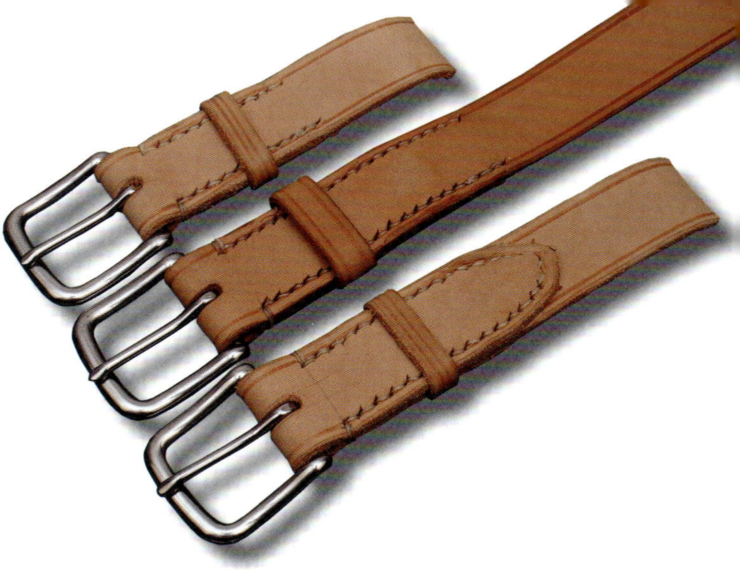

Eine Kante bearbeiten

Fangen wir mit etwas Einfachem an, um das Prinzip zu verdeutlichen: Mit einem simplen Gürtel. Die Zuschnitte für einen Gürtel kann man fertig kaufen, dann müssen Sie nur ein Ende mit Löchern versehen, eine Spitze anschneiden und am anderen Ende einen Schnitt für den Dorn der Schnalle anbringen. Jetzt noch das Ende umklappen und zwei Druckknöpfe einschlagen, schon ist der Gürtel fertig. Leider sieht er nun aber irgendwie komisch aus und ist auch überhaupt nicht sexy. Ein Gürtel besitzt eine lange Kante, eigentlich besteht er nur aus Kante, und wenn der Lederzuschnitt des Gürtels nicht weiter bearbeitet wurde, dann nutzt er sich bei Gebrauch schnell ab, sodass er noch unansehnlicher wird, als er ohnehin schon ist.

Das muss aber nicht sein: Eine Lederkante kann mit etwas Geschick leicht bearbeitet werden, damit sie auch nach Jahren in Gebrauch noch

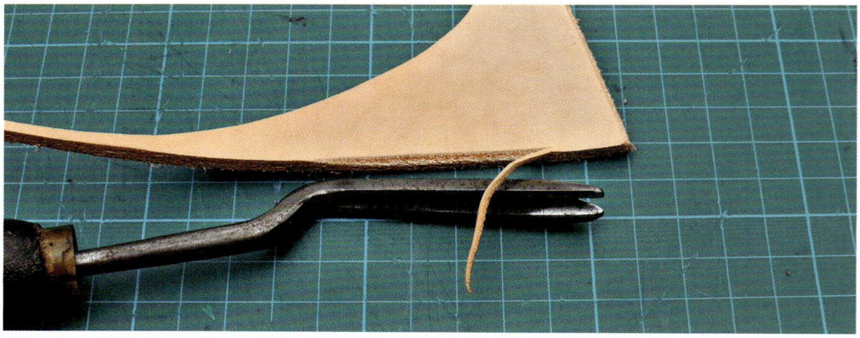

attraktiv aussieht: Zunächst wird parallel zu der Kante eine Rille eingedrückt, damit sich das Leder an der Kante etwas nach außen wirft und das Auge einen Abschluss sieht. Ohne diese Zierrille ist ein Lederriemen nur ein Stück unbearbeitetes Leder. Danach werden die Lederkanten gebrochen. Das geht entweder mit einem Schleifklotz und Sandpapier, oder mit einem Werkzeug, das Kantenzieher heißt. Sobald die Kante von beiden Seiten gebrochen wurde, kann sie entweder schwarz oder dunkelbraun gefärbt oder mit einem Kantenglätter eingerieben werden, der die losen Lederfasern anklebt. In der Industrie werden überwiegend Kantenglätter oder Farbe verwendet, beim Hobby-Sattler kommt stattdessen Sandpapier, Spucke und ein Falzbein zum Einsatz.

Parallel zur Kante wird eine Rille eingerückt, dann werden die Kanten bebrochen und gefärbst.

An der Fleischseite – sollte diese sichtbar sein – können Sie die Zierrille mit einem Nahtversenker anbringen.

Bei mehreren Lederlagen, die miteinander vernäht sind, ist die Bearbeitung der Kante besonders wichtig. Hier sollten Sie zunächst mit einem Messer die Lagen bündig schneiden, besonders dann, wenn der Keder aus dem Bündel heraussteht. Dann schleifen Sie die Kante mit einem Bandschleifer, wechseln Sie dabei auch die Richtung und beenden Sie Ihre Arbeit mit einem Schleifband mit einer 240er Körnung. Hier sollten Sie darauf achten, dass nicht nur das Leder, sondern auch die Narbenseite abgeschliffen wird, denn diese legt sich gerne beim Schleifen um und bleibt als dünne Haut bestehen. Diese Haut sieht man zunächst nicht, da sie an die anderen Lederlagen angedrückt wurde, aber irgendwann löst sie sich wieder und dann sieht das sehr unschön aus. Die Kanten brechen Sie erst, wenn die Fläche der Kante sauber geschliffen ist. Breite Kanten sehen am besten aus, wenn sie mit einer Kantenfarbe eingefärbt werden.

Bei mehreren Lederlagen, die miteinander vernäht sind, ist die Bearbeitung der Kante besonders wichtig.

Merke:
Ein Lederstück ist erst dann fertig, wenn die Kante fertig bearbeitet wurde.

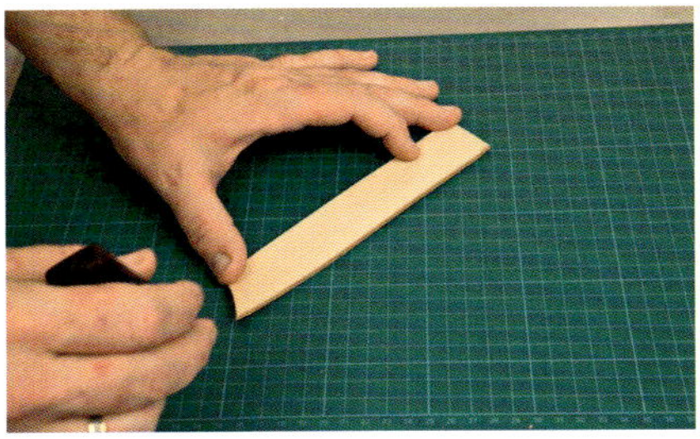

Legen Sie das Leder fest auf eine Unterlage und halten Sie es mit einer Hand fest.

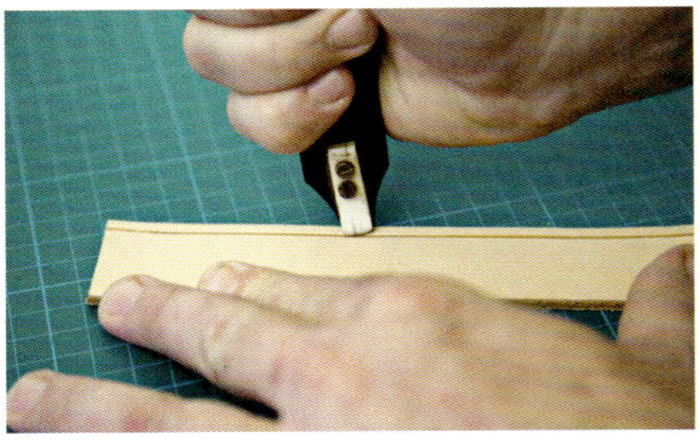

Mit dem Reifeleisen reiben Sie an der Kante entlang und drücken erst mit wenig, dann mit mehr Druck und Geschwindigkeit eine Zierrille in das Leder.

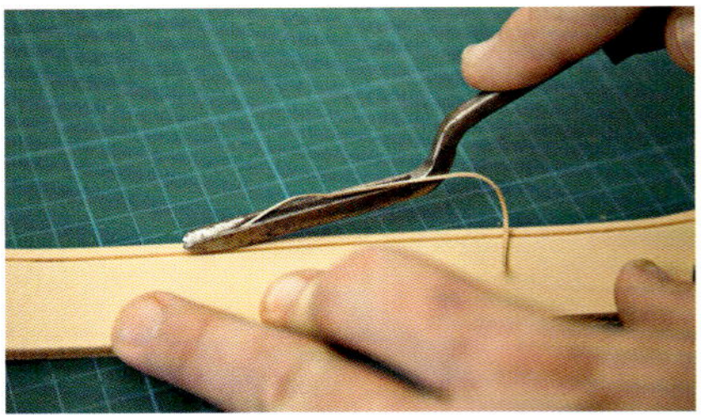

Mit dem Kantenzieher schneiden Sie einen langen Streifen von der Kante ab.

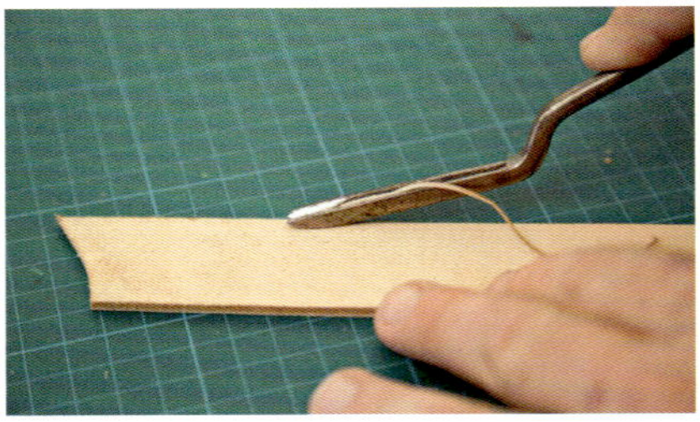

Auf der Fleischseite des Leders brechen Sie ebenfalls die Kante.

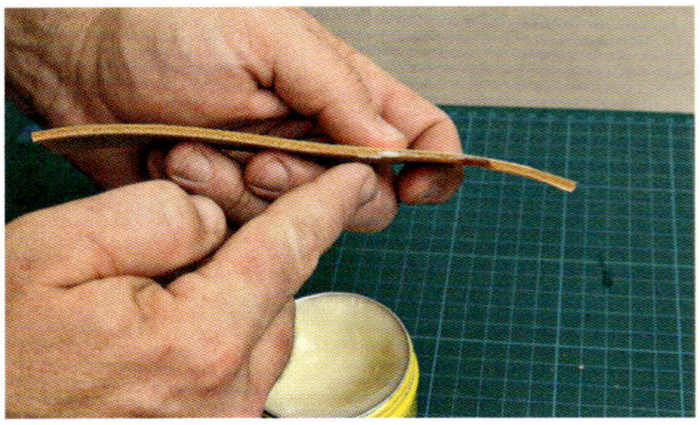

Mit Ihren Fingern tragen Sie Lederfett oder Sattelseife auf die Kante auf.

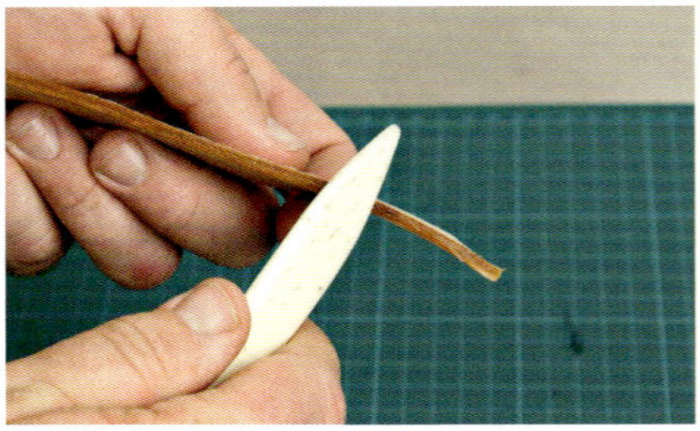

Kleinere Stücke können Sie mit dem Falzbein und mit schnellen Bewegungen polieren.

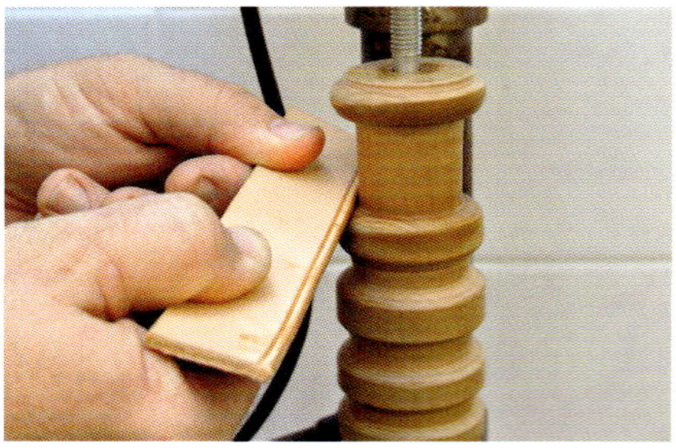

Eine profilierte Holzwalze in einer Bohrmaschine hilft, die Kante an größeren Stücken oder langen Gürteln zu polieren.

Was einen guten Gürtel ausmacht

Wie Sie bereits im vorherigen Kapitel sehen konnten, ist ein guter Gürtel nicht einfach nur ein Stück Leder mit einer Schnalle, sondern er ist maßgefertigt und leistet jahrzehntelang treue Dienste. Bei der Wahl der Schnalle sollten Sie auf die Dicke des Leders Rücksicht nehmen: Je dicker das Leder ist, desto weiter muss der Abstand vom Steg zur Vorderseite der Schnalle sein, damit das Leder auch bequem durch die Schnalle passt und es nicht „buckelt".

Je dicker das Leder desto größer der Abstand vom Steg zur Vorderseite der Schnalle.

Das letzte Loch des Gürtels sollte so weit von der Spitze entfernt liegen, dass man sie noch bequem durch die Schnalle führen und unter den Riegel schieben kann. Nichts sieht „herausgewachsener" aus als ein Gürtel, bei dem das Ende gerade noch so durch die Schnalle geführt werden kann und bei dem die vielen zusätzlich angebrachten Löcher, wie Jahresringe an einem Baum, vom Wachsen des Bierbauchs zeugen. Einzig ein Gürtel, den man über der Kleidung trägt und an dem Waffen und Werkzeuge angebracht sind, sollte deutlich länger als notwendig sein und auch sehr viele Löcher besitzen. So können Sie ihn sowohl bei dünner Sommer- als auch bei dicker Winterkleidung sicher schließen. Sie können den Gürtel auch komplett mit Löchern versehen, dann haben Sie die Möglichkeit, Ihr „Gerödel" mit Lederriemen vor Verrutschen zu sichern, indem Sie jeweils einen Riemen von einem Loch zum anderen führen. Auf diese Weise fixieren Sie die Gürtelschlaufe einer Messerscheide und anderer Werkzeuge und Taschen am gewünschten Punkt.

Tipp

Beachten Sie bei der Farbwahl, dass man bei hellem Leder die durch den Körperschweiß verursachten dunklen Flecken besonders gut sieht. Sobald diese zu störend geworden sind, sollten Sie den Gürtel dunkler färben.

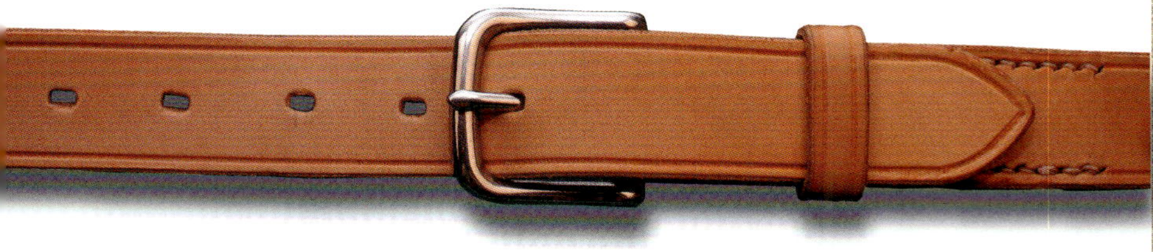

Das letzte Loch ist so weit von der Spitze entfernt, dass sie noch unter die Schlaufe passt.

Die Länge eines Gürtels bestimmt man nach dem mittleren der fünf Löcher. Von der Spitze des Gürtels gehen Sie zunächst 12 bis 15 cm zurück und setzten dort das erste Loch. Dann kommen in einem Abstand von 25 mm die weiteren Löcher hinzu. Bei einem Hosengürtel sind es üblicherweise insgesamt nur fünf Stück, so können Sie zu- und abnehmen und der Gürtel passt immer noch. Vom mittleren der Löcher messen Sie nun zu dem Ende mit der Schnalle. Achten Sie darauf, dass Sie nicht bis zur Mitte der Schnalle, sondern zu dem Punkt am Dorn, an dem das mittlere Loch eingehakt wird, messen. Das kann sich je nach Größe der Schnalle durchaus unterscheiden. Der Gürtel wird immer so eingezogen, dass die Schnalle in der linken Hand liegt und das freie Ende mit den Löchern in der rechten Hand – Motiv-Buckle sind genau so konstruiert. Wenn Sie die Schnalle passgenau auf dem Leder abgelegt haben, markieren Sie den Steg der Schnalle und die Breite des Dorns. Bei einem Buckle brauchen Sie keinen Schlitz für den Dorn auszuschneiden.

Messen Sie vom mittleren Loch bis zum Endpunkt des Dorns.

Sollte der Riemen zu kurz sein, um ihn für die Befestigung der Schnalle umzuklappen, dann fertigen Sie aus einem passenden Stück Leder eine doppelt gelegte Schlaufe, die Sie auf den Riemen von oben und unten aufnähen. Dabei sieht es besser aus, wenn Sie das Lederteil nicht ausschärfen und auch nicht flach annähen, sondern die beiden Enden in der gleichen Art wie die Spitze des Gürtels gestalten und durchgehend annähen. Durch die im Spitzbogen geführte Naht wird der Gürtel nicht geschwächt.

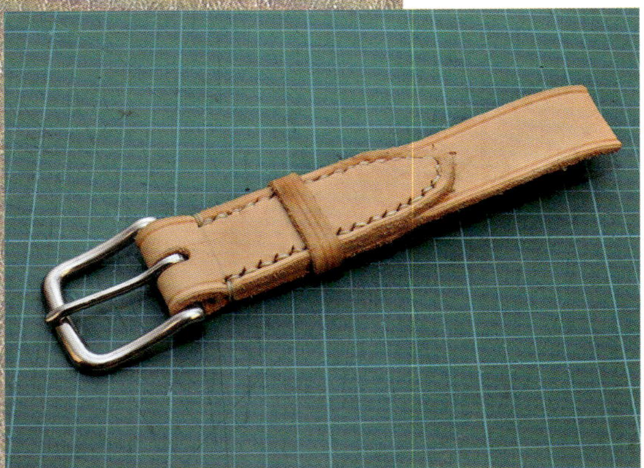

Hier wurde eine Schnalle mit einem Stück Leder an einen zu kurzen Riemen angeflickt.

Tipp

Vor dem Annähen sollten Sie noch einmal überprüfen, ob die Schnalle auch richtig eingesetzt ist, ich musste schon einige Nähte wieder auftrennen.

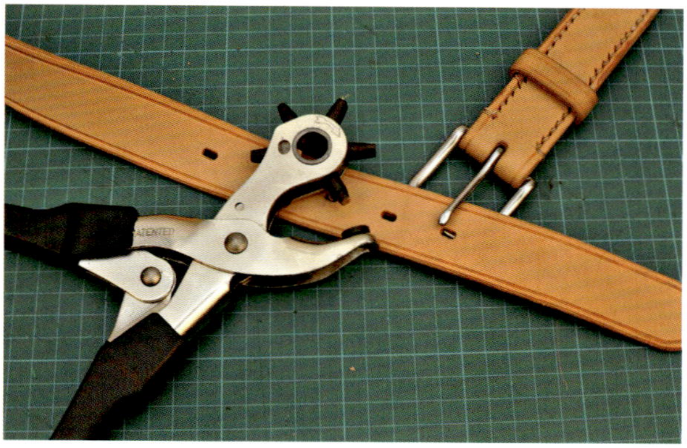

Die Löcher werden mit einer Lochzange mit ovalen Lochpfeifen gestanzt.

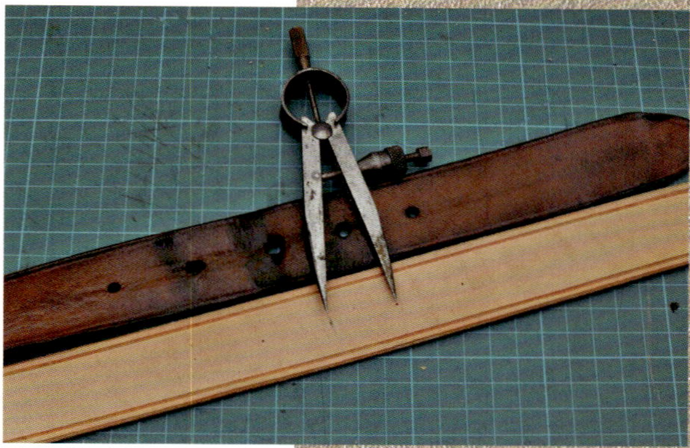

Zeichnen Sie die Löcher sauber mit einem Stechzirkel an, ggf. hilft ein alter Gürtel als Muster.

Um einen Gürtel zu kürzen wird nicht die Spitze abgeschnitten, da in diesem Fall die bereits ausgefransten Löcher weiter nach vorne kommen. Vielmehr schneiden Sie die Schnalle ab und kürzen den Riemen an diesem Ende, danach wird die Schnalle wieder neu angenäht. Diese Vorgehensweise ist zwar aufwendiger, sieht aber viel besser aus.

Oftmals sind die Löcher ein Schwachpunkt bei industriell gefertigten oder ersten selbst gemachten Gürteln. Sie müssen diese sauber mit einer scharfen Lochpfeife ausstechen, sodass der Dorn der Schnalle noch gerade durchpasst, denn die Löcher weiten sich beim Gebrauch und werden dann schnell zu groß. Noch schlechter ist es, die Löcher mit einem Nagel oder anderen spitzen Instrumenten zu erzeugen. Sie fransen dann erst richtig aus und neigen dazu aufzureißen. Am professionellsten sieht es aus, wenn Sie die Löcher mit einer ovalen Lochpfeife stanzen. Das Langloch für den Dorn sollte sauber und nicht zu knapp ausgeschnit-

Löcher sehen am professionellsten aus, wenn sie mit einer ovalen Lochpfeife gestanzt werden.

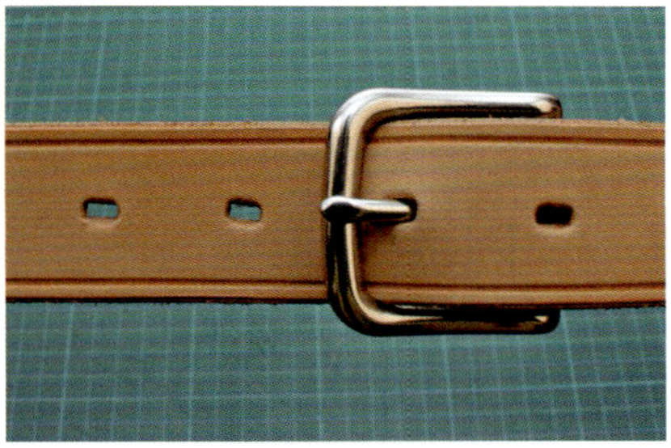

Ein Langloch bietet dem Dorn mehr Platz als ein rundes Loch.

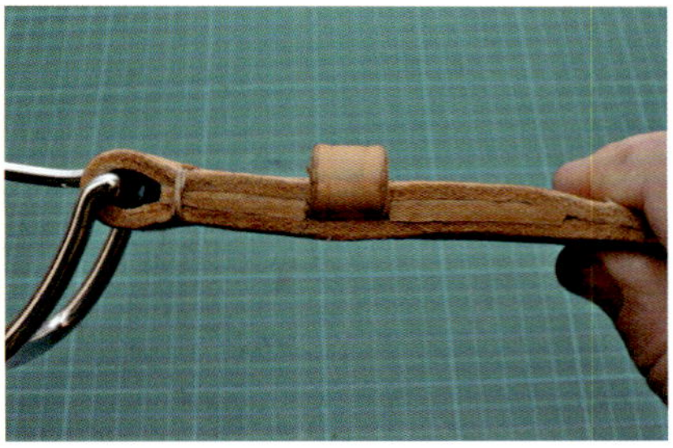

Bei diesem starken Leder ist ein Keder zwischengelegt.

ten werden, damit sich der Dorn leicht bedienen lässt. Bei besonders dickem Leder und einem dicken Steg in der Schnalle kann es notwendig werden, ein Stück Leder als Keder in die Mitte zu legen, um so die Dicke des Stegs auszugleichen.

Schlaufen können auf unterschiedliche Weisen angebracht werden.

Bei einem Gürtel für eine Hose ist es nicht notwendig, eine Schlaufe für das freie Ende des Gürtels anzubringen. Schaden tut es aber nicht. Die einfachste Möglichkeit besteht darin, eine zur Schnalle passende Drahtschlaufe einzunähen. Diese passt meist zwischen zwei Stiche und kann somit leicht angebracht werden. Die andere Möglichkeit ist, eine Schlaufe separat zu fertigen und sie dann auf den Gürtel zu schieben. Noch eleganter ist es, die Schlaufe in den Gürtel einzunähen. Dafür sollten Sie die Schlaufe nicht zu breit machen, damit Sie mit der Ahle einmal von rechts und einmal von links stechen können. Diese eingenähte Schlaufe muss nicht viel halten und sollte darum stark ausgedünnt werden, besonders an dem Teil, der eingenäht wird, sodass der Gürtel nicht zu dick wird. Diese Schlaufe sollte vor der ersten Gürtelschlaufe der Hose liegen. Bei einem Gürtel, der über der Bekleidung getragen wird, können zwei Schlaufen nicht schaden, diese sollten dann aber nicht festgenäht werden, damit man sie verschieben kann.

Ein Gürtel für eine normale Anzughose kann aus relativ dünnem Leder gefertigt werden, denn das reicht meistens und sieht eleganter aus. Wer aber beabsichtigt, an dem Gürtel ein Messer oder eine Kurzwaffe zu tragen, der braucht dickeres Leder mit ausreichender Standfestigkeit, damit sich die Kanten nicht einrollen. Normale Jeans sind für Ledergürtel mit etwa 50 mm – oder zwei Zoll – vorgesehen. Ebenso verhält es sich mit den Gürtelschlaufen von handelsüblichen Holstern. Mit einer solchen Kombination sitzt das Holster perfekt und wackelt nicht. Weiterhin lässt sich die Waffe sicher ziehen und zurückstecken.

Die Lederschlaufe ist mit eingenäht: Die beste und eleganteste Lösung.

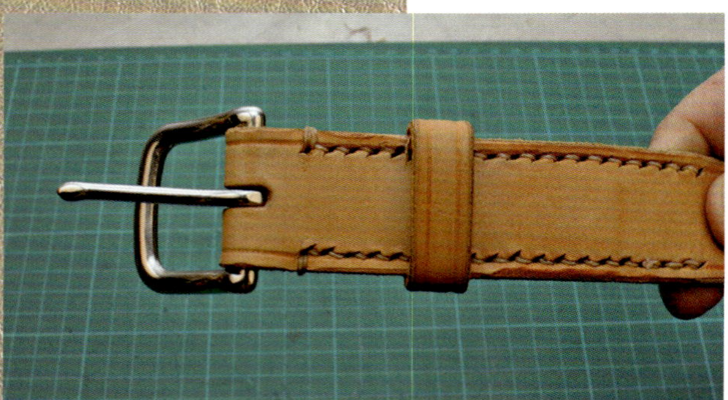

Gürtel aus doppelt gelegtem Leder sind eigentlich nur dann üblich, wenn man ein billiges, dickes Spaltleder mit einem dünnen Leder zusammennäht. Ansonsten wurden Gürtel nur dann gedoppelt, wenn man den Zwischenraum als Geheimversteck für Münzen nutzen wollte.

Eine Schnalle annähen

Ob Sie eine Schnalle an einen einfach umgelegten Riemen annähen oder ein separates Stück Leder von vorne annähen, bleibt Ihnen überlassen. Beispielsweise können Sie bei dünnen Rödelriemen auch ganz auf die Naht verzichten und nur mit zwei Nieten arbeiten. Wenn Sie nähen möchten, dann wird sich die Arbeit im Normalfall auf zwei parallele Nähte in Längsrichtung des Riemens beschränken. Vermeiden Sie quer zum Riemen zu nähen, denn das schwächt das Leder.

Tipp

Bei Gürteln sollten Sie sich mit dem Fetten und Einölen sehr zurückhalten, um nicht die Bekleidung zu verschmutzen.

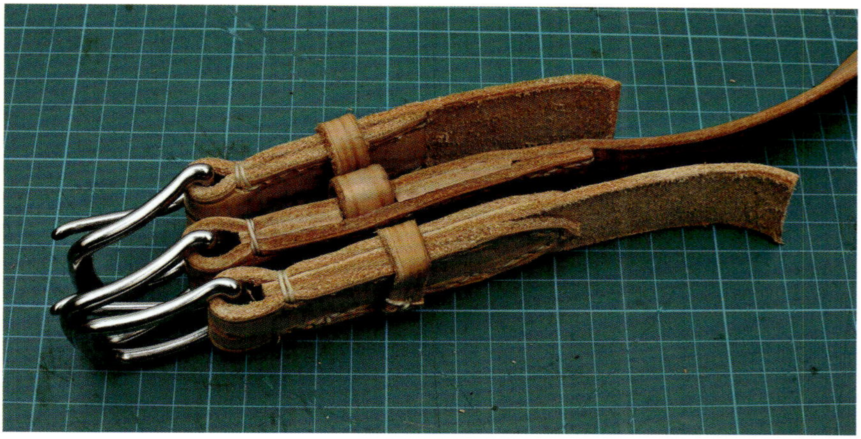

Drei Möglichkeiten, eine Schnalle anzunähen.
Oben: einfach nur umgeklappt.
Mitte: umgeklappt mit Zwischenlage.
Unten: bei einem zu kurzen Gürtel mit einem separaten Stück angenäht.

Bei einem umgelegten Riemen schärfen Sie das Leder am Ende, auf der Länge von zwei Stichen, etwa auf die Hälfte der Lederstärke. Hier sollten Sie beim Versenken der Naht vorsichtig vorgehen, um das Leder nicht versehentlich mit dem Nahtversenker zu durchtrennen.

Sie sollten zuerst die Zierrille eindrücken, dann die Naht versenken und erst zum Schluss die Kanten brechen. Sollten Sie die Kanten zuerst brechen, schneiden Sie sich die saubere Kante, an der Sie den Nahtversenker und das Reifeleisen anlegen, weg.

Schneiden Sie die Aussparung für den Dorn der Schnalle aus und brechen Sie die Kanten an der Innenseite der Umschlagfläche.

Beim Nähen beginnen Sie am entferntesten Punkt, dort, wo das umgeschlagene Ende des Riemens aufhört. Der erste Stich geht nur durch das einfache Leder, dabei sollten Sie die Ahle nicht komplett durch das Leder stechen, es reicht, wenn die Nadel durchpasst. Danach stechen Sie das zweite Loch, diesmal aber durch den ausgedünnten Teil des Leders. Beim

Strammziehen des Fadens sollten Sie mit Vorsicht an die Sache herangehen, um das dünne Leder nicht zu beschädigen. Sie können auch mit dem dritten Loch anfangen und erst zwei Stiche zurücknähen. Diese doppelte Naht lässt sich aber nur schlecht im ausgedünnten Leder versenken.

Bei Riemen, die auch seitlichem Zug standhalten sollen, wird der Faden einmal außen um die Lederschichten geführt.

Ab diesem Punkt können Sie die Stiche normal setzen, bis Sie zum letzten Stich vor der Schnalle kommen. Jetzt wird bei Riemen, bei denen auch seitlicher Zug auf die Naht wirken kann, der Faden nach außen einmal um beide Lederschichten geführt. Stechen Sie dafür das Loch wieder besonders groß und nähen Sie nun wie gehabt einmal von beiden Seiten. Jetzt liegt der Faden an der rechten und linken Seite. Nehmen Sie den rechten Faden, legen Sie ihn über das Werkstück auf die linke Seite und stechen Sie erneut von links durch das Loch, aber lassen Sie den Faden zwischen den beiden Lederschichten nach oben herauskommen. Ebenso wird der linke Faden auf die rechte Seite gelegt und nun mit der Nadel von rechts in das Loch gestochen, um dann ebenfalls in der Mitte herauszukommen. Im Anschluss sollte der Faden zweimal über die Kante des Riemens geführt werden.

Um weiterzunähen führen Sie beide Nadeln zwischen den Lederschichten auf die andere Seite und drehen das Werkstück im Nähkloben um. Stechen Sie nun das erste Loch an der Seite der Schnalle und führen Sie die beiden Nadeln an den beiden Seiten nach außen. Schlagen Sie jeweils einen Faden auf die andere Seite und stechen Sie die Nadeln komplett durch, wie bei einem normalen Stich. Jetzt können Sie den Rest der Naht fertigstellen, bis Sie am Ende angekommen sind. Den letzten Stich, an dem ausgedünnten Teil, führen Sie nur mit einer Nadel aus, weil dort nicht so viel Faden versenkt werden kann. Von hier aus nähen Sie zwei Stiche zurück, wobei die Löcher mit einer Rundahle geweitet werden sollten. Achten Sie darauf, nicht durch den Faden der vorhergehenden Naht zu stechen. Nach den zwei Stichen zurück schneiden Sie die Fäden bündig ab. Zum Versäubern können Sie mit dem Nahtabstandsmarkierer, mit dem Sie die Naht angezeichnet haben, noch einmal über die Naht rollen.

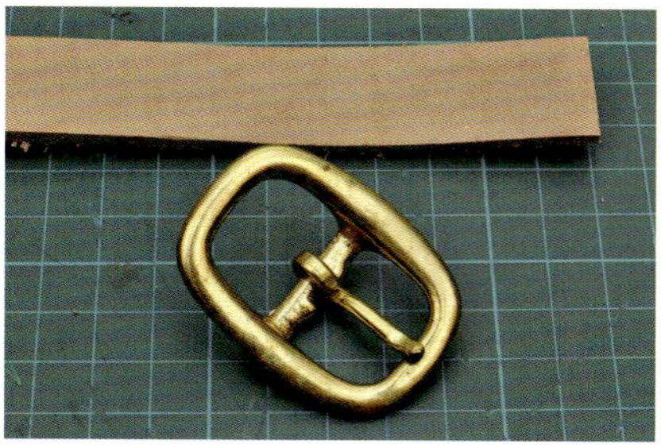

Ein Riemen und eine Schnalle, damit geht es los.

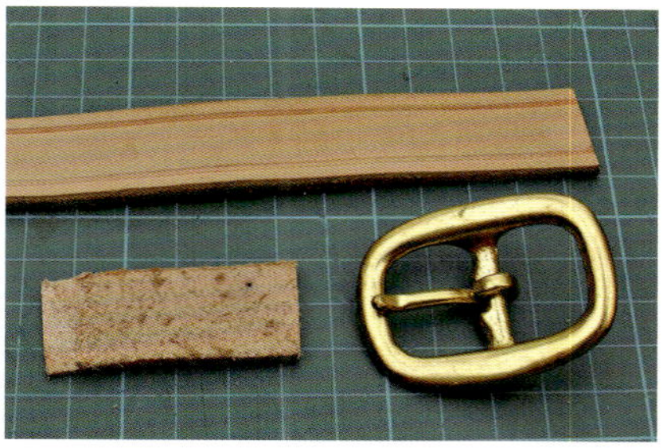

Schneiden Sie einen Keder und reiben Sie eine Rille in das Leder.

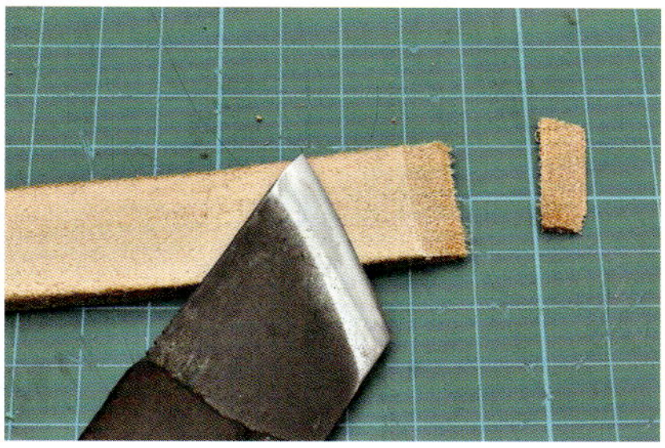

Das Ende des Leders wird auf 1/3 der ursprünglichen Dicke ausgedünnt.

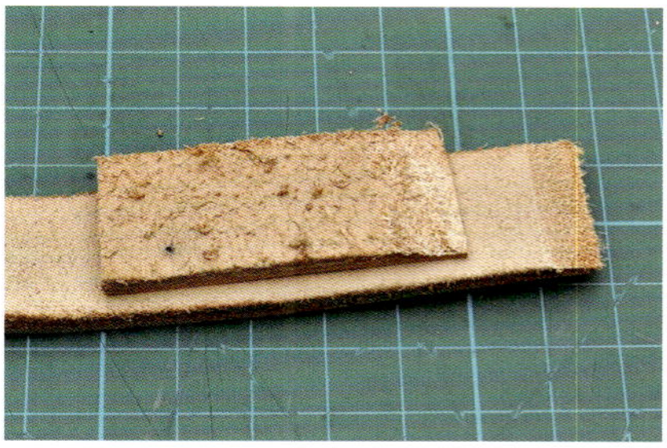

Der Keder wird ebenfalls ausgedünnt, aber länger und dünner.

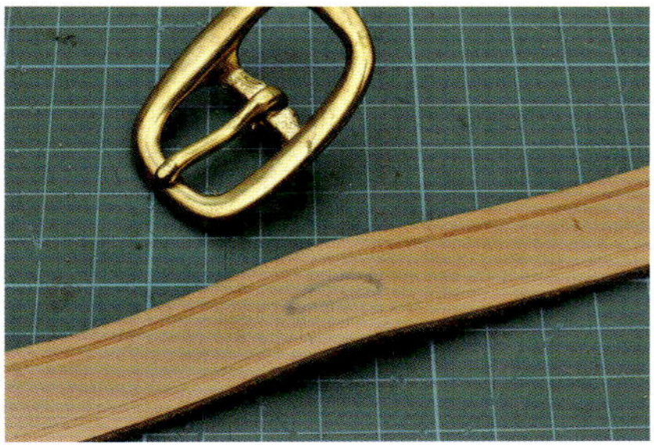

Zeichnen Sie das Langloch für den Dorn an.

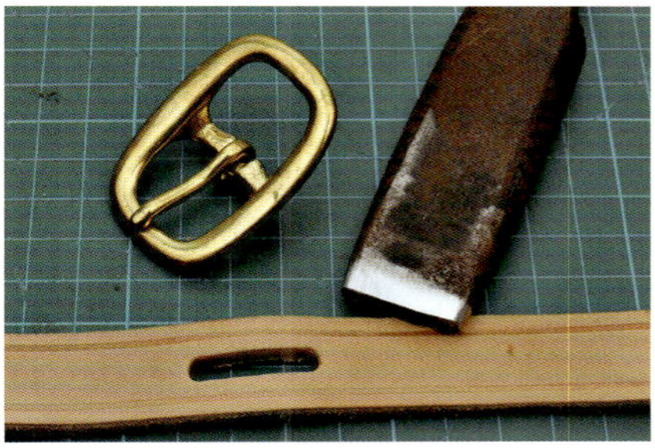

Mit einem Kapplocheisen können Sie das Loch ausstechen, ansonsten stanzen Sie zwei runde Löcher mit der Lochzange und schneiden den Teil dazwischen weg.

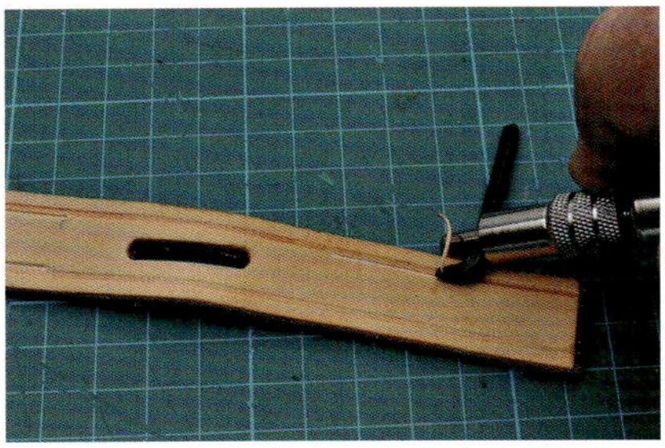

Zeichnen Sie die Naht an und versenken Sie diese gleich.

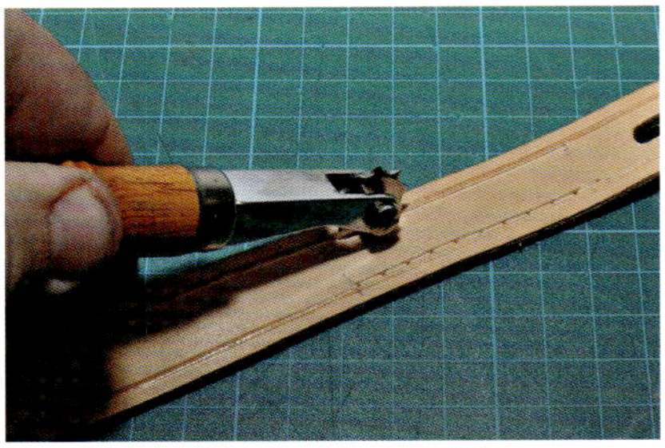

Mit einem Rädchen markieren Sie den Abstand der Stiche.

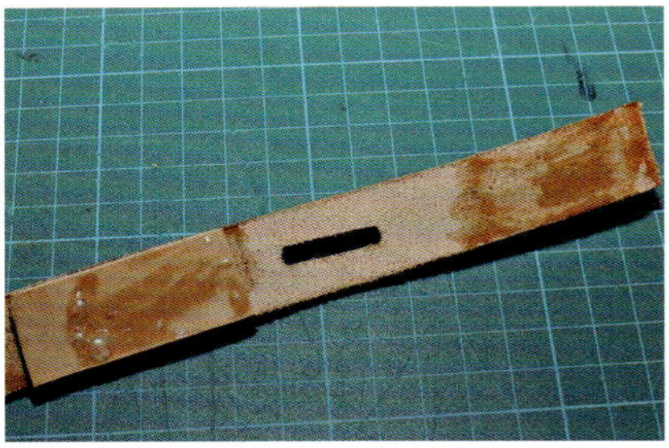

Kleben Sie den Keder ein und legen Sie das Riemenende so um die Schnalle, dass Sie nähen können.

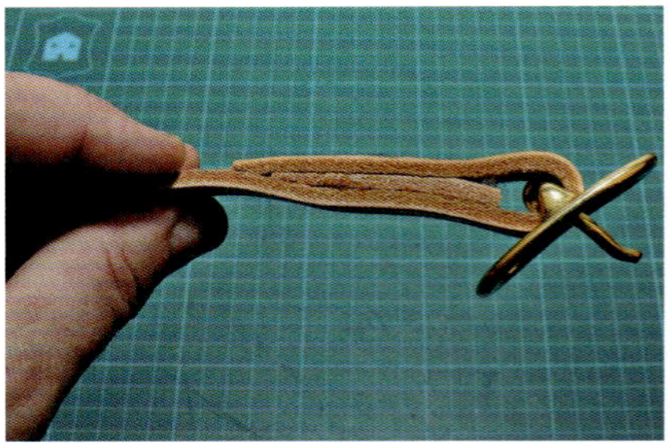

Der Aufbau von der Seite betrachtet.

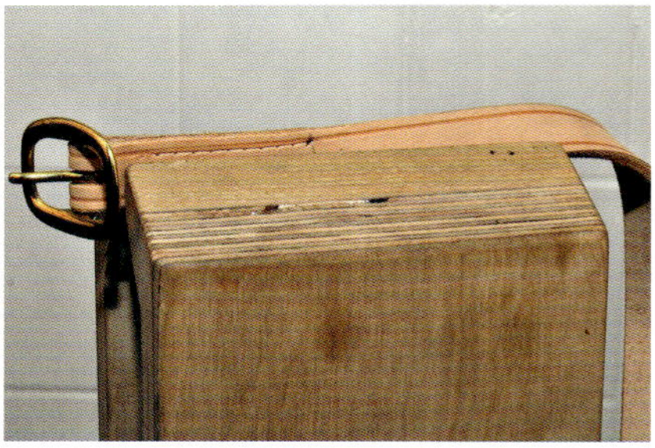

Zum Nähen spannen Sie den Riemen in den Nähkloben.

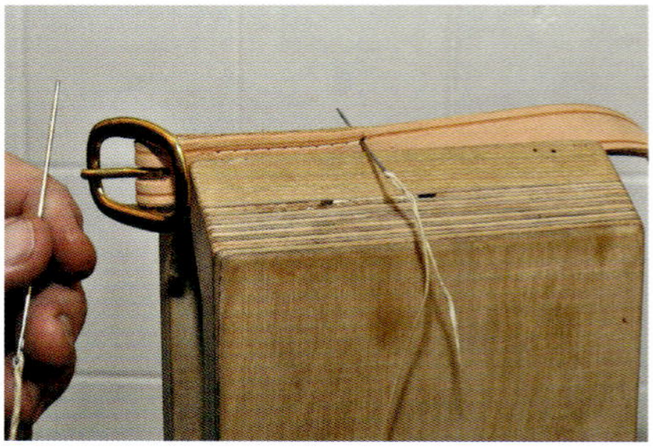

Der erste Stich geht, ganz knapp vor dem zweiten Stück Leder, nur durch eine Lage.

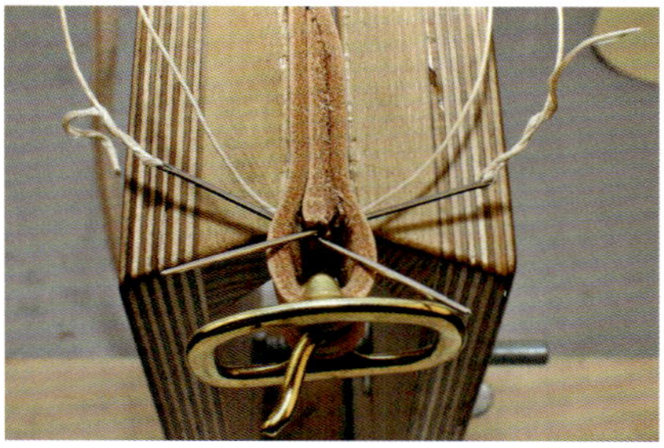

Um den Faden auf die andere Seite zu führen stechen Sie die Nadeln in der Mitte nach außen.

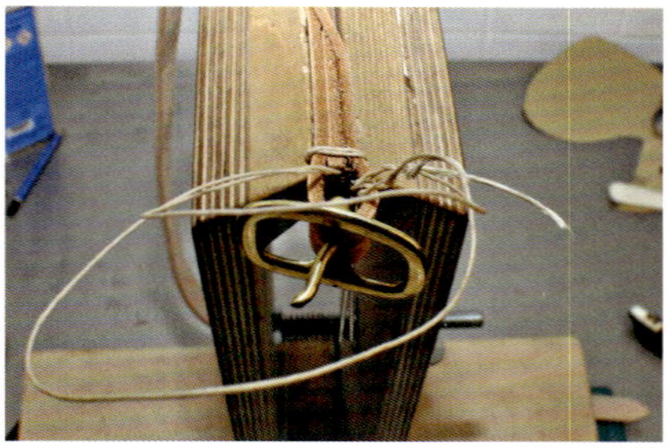

Ziehen Sie die beiden Schlaufen um die Außenseiten des Leders stramm und führen Sie die Nadeln nach unten.

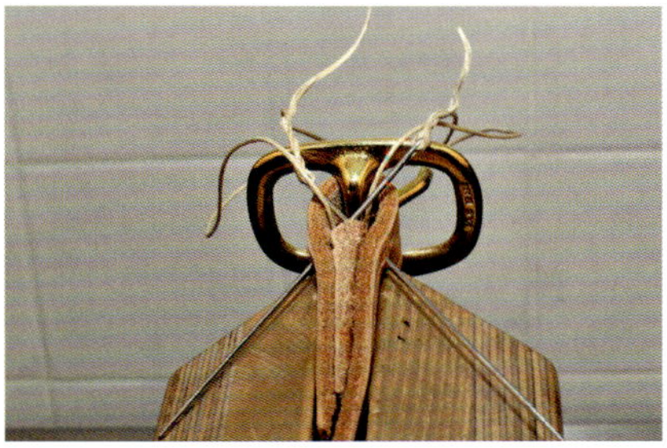

Das Stück ist umgespannt, führen Sie die Nadeln von innen nach außen.

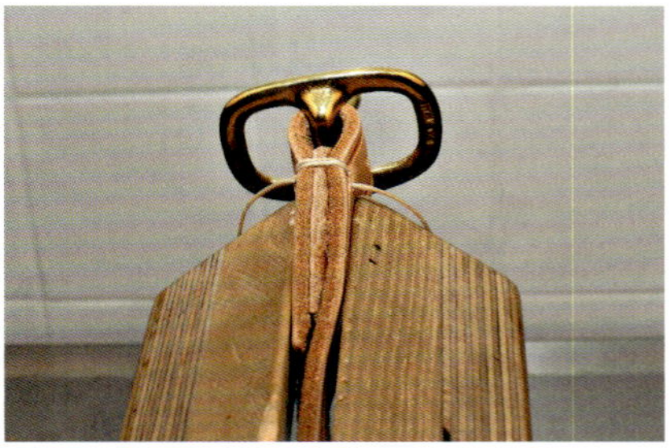

Nähen Sie einmal über die Kante des Leders, dann weiter in Richtung Ende.

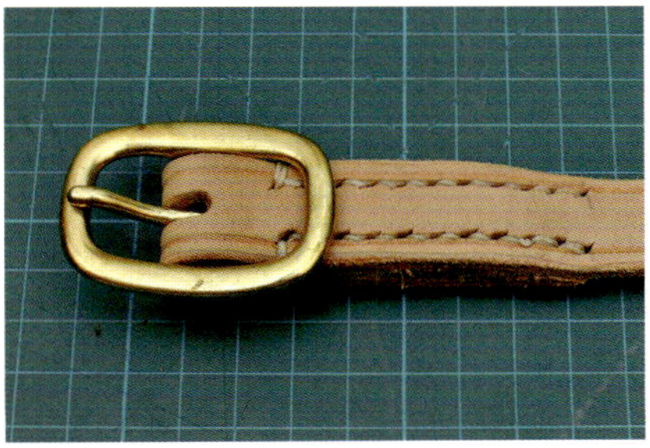

Die fertige Naht ist handwerklich perfekt und haltbar.

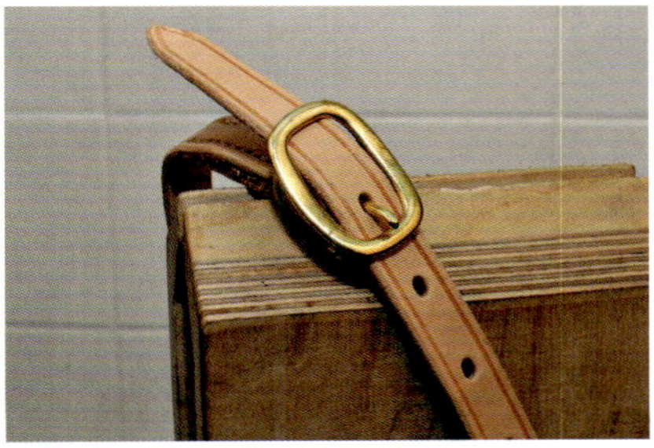

Der fertige Gürtel mit angenähter Schnalle.

Einen Niet setzen für einen Rödelriemen

Einfache Rödelriemen lassen sich auch mit einem oder zwei ordentlichen Nieten schnell und einfach fertigen.

An einem ordentlichen Rödelriemen, mit dem man die Ausrüstung am Rucksack befestigt, kann man viele kleine Besonderheiten finden, die auch für andere Projekte, wie zum Beispiel für Hundehalsbänder, interessant wären, aber meist den Sparbemühungen des Herstellers zum Opfer fallen. Zum einen setzt man an Rödelriemen sogenannte Rollschnallen ein, die an einer Querstrebe ein Rohr als Rolle besitzen, sodass sich der Riemen mit wenig Reibung strammziehen lässt. Zum anderen besitzt ein Rödelriemen meist eine Doppelschnalle, die wie eine Acht geformt ist und bei der man das freie Ende des Riemens gleich noch durch den zweiten Teil der Schnalle ziehen kann. Auf dem Riemen ist häufig auch eine Schlaufe angebracht, damit der Rest des freien Endes auch fixiert werden kann und nicht absteht und schlackert. Die Löcher sind dicht beieinander, um eine sehr feine Justierung zu gewähren und somit den Druck auf das zu befestigende Material ideal einstellen zu können. Zum dritten ist ein Rödelriemen lang genug, um selbst das dickste Packstück bequem feströdeln zu können, weil am freien Ende noch genug Platz bleibt, um mit der Hand richtig zuzupacken.

Sollten Sie Riemen mit Rollschnallen beispielsweise bei Tieren einsetzen, können sich die Haare in der Schnalle verfangen. Sie müssen darum zunächst ein Stück Leder unternähen, das seitlich so weit übersteht, dass Sie beim Strammziehen keine Haare ausreißen können.

Schmale Rödelriemen mit einer doppelten Rollschnalle und einer Schlaufe aus Blech können auch ohne weiteres nur mit zwei Nieten zusammengehalten werden.

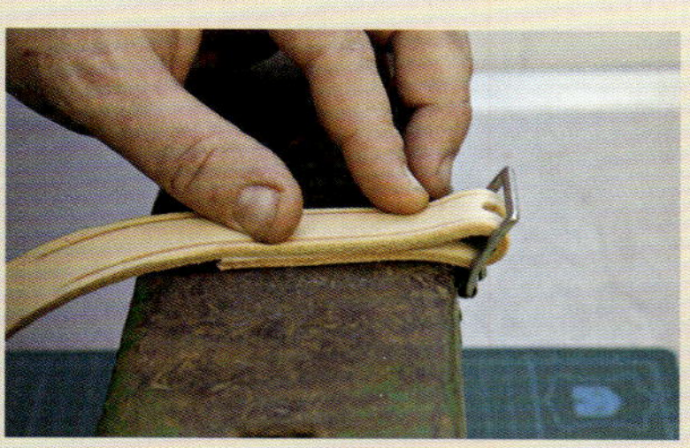

Schneiden Sie das Kapploch für den Dorn der Schnalle aus und passen Sie die Schnalle an den Riemen an.

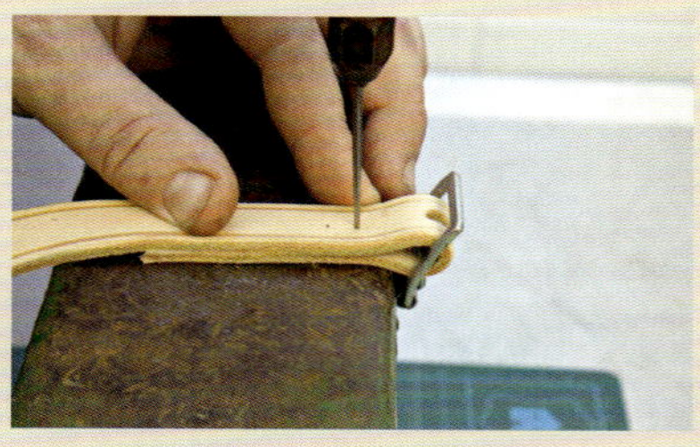

Sobald alles passt, stechen Sie mit einer Ahle ein Loch durch beide Lederlagen, genau an der Stelle, an der später der Niet sitzen soll.

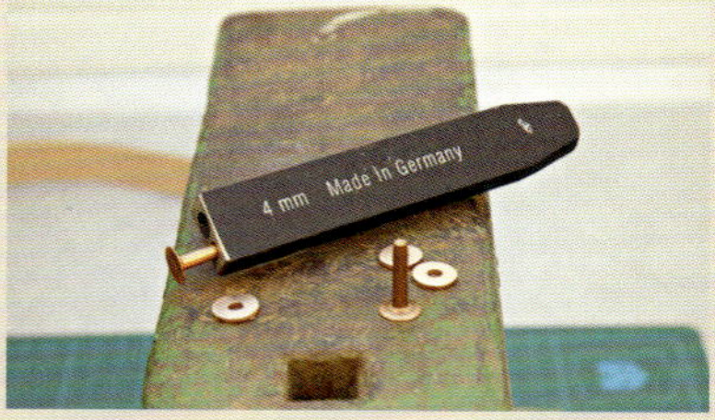

Der passende Niet mit Unterlegscheiben und ein Kombi-Werkzeug aus Nietenzieher und Kopfzieher.

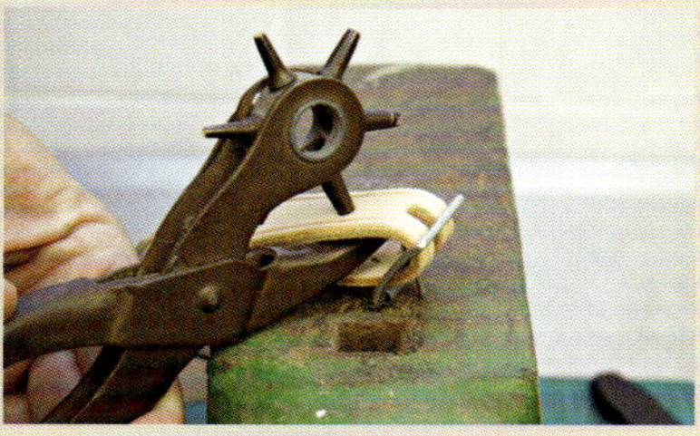

Lochen Sie die zuvor angezeichneten Stellen im Leder.

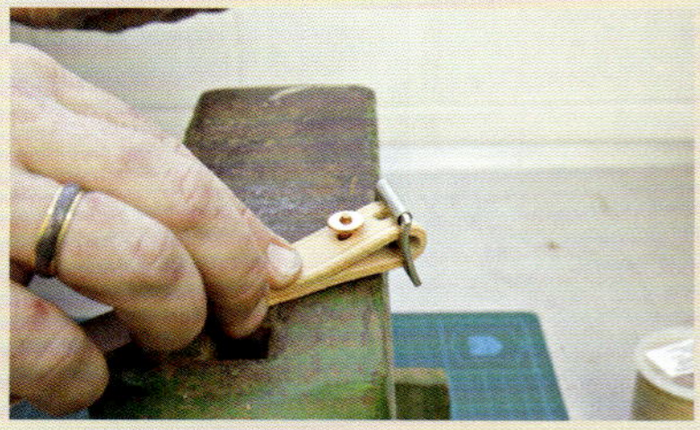

Dann wird der Niet durch die beiden Lederlagen geschoben und auf den Niet die Unterlegscheibe aufgesetzt. Diese lässt sich nur mit Kraft auf den Nietschaft schieben, das ist auch so gewollt.

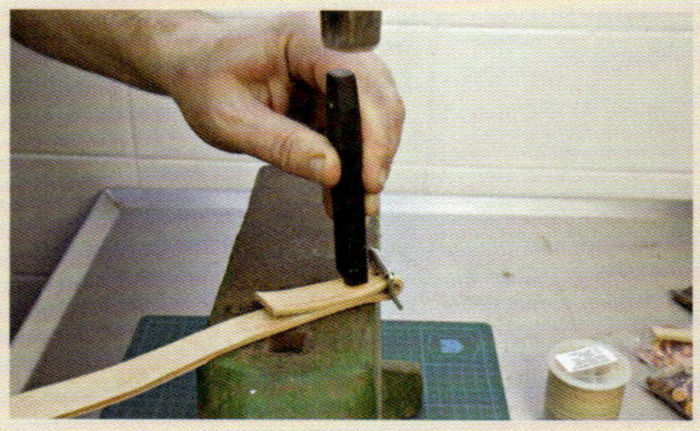

Mit dem Nietenzieher schlagen Sie die Unterlegscheibe soweit auf die Lederlagen, dass diese leicht zusammengedrückt werden. Gehen Sie aber mit Bedacht vor, um das Leder nicht zu beschädigen.

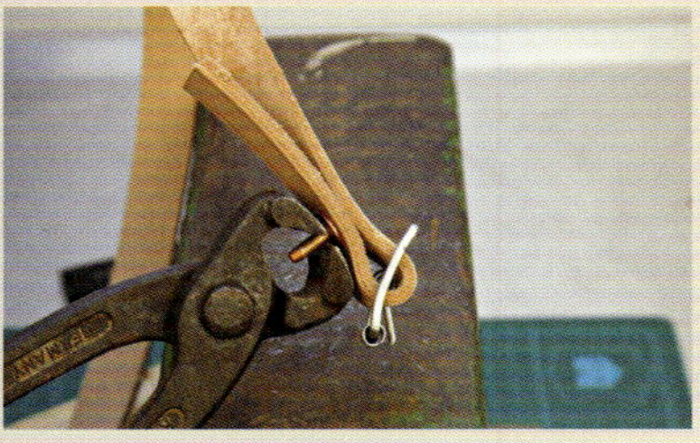

Kneifen Sie den überstehenden Teil des Nietschafts ab, sodass noch 2-3 mm stehen bleiben.

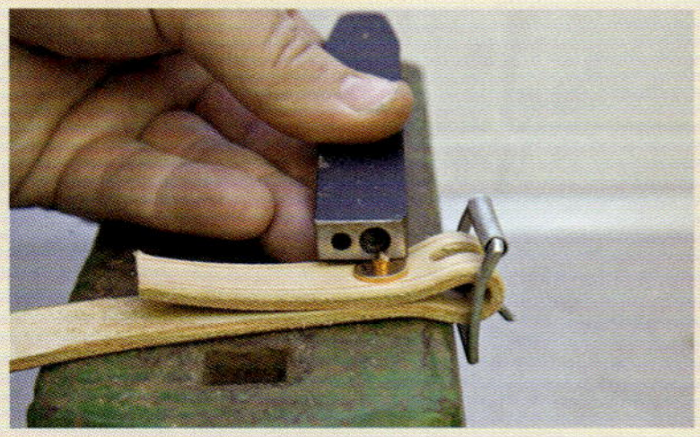

Mit dem Kopfzieher können Sie den Nietschaft pilzförmig umformen, sodass die Unterlegscheibe nicht mehr abrutschen kann.

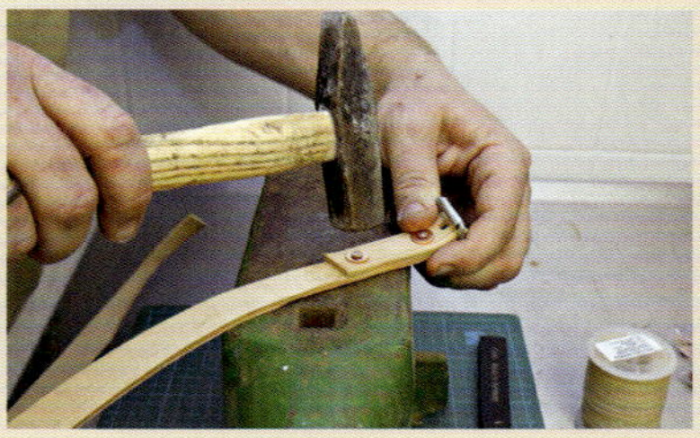

Mit vielen leichten Schlägen und einem leichten Hammer, der den Nietschaft pilzförmig formt, geht es am besten. Versuchen Sie keinesfalls, mit einem schweren Hammer und einem wuchtigen Schlag den Niet zu stauchen.

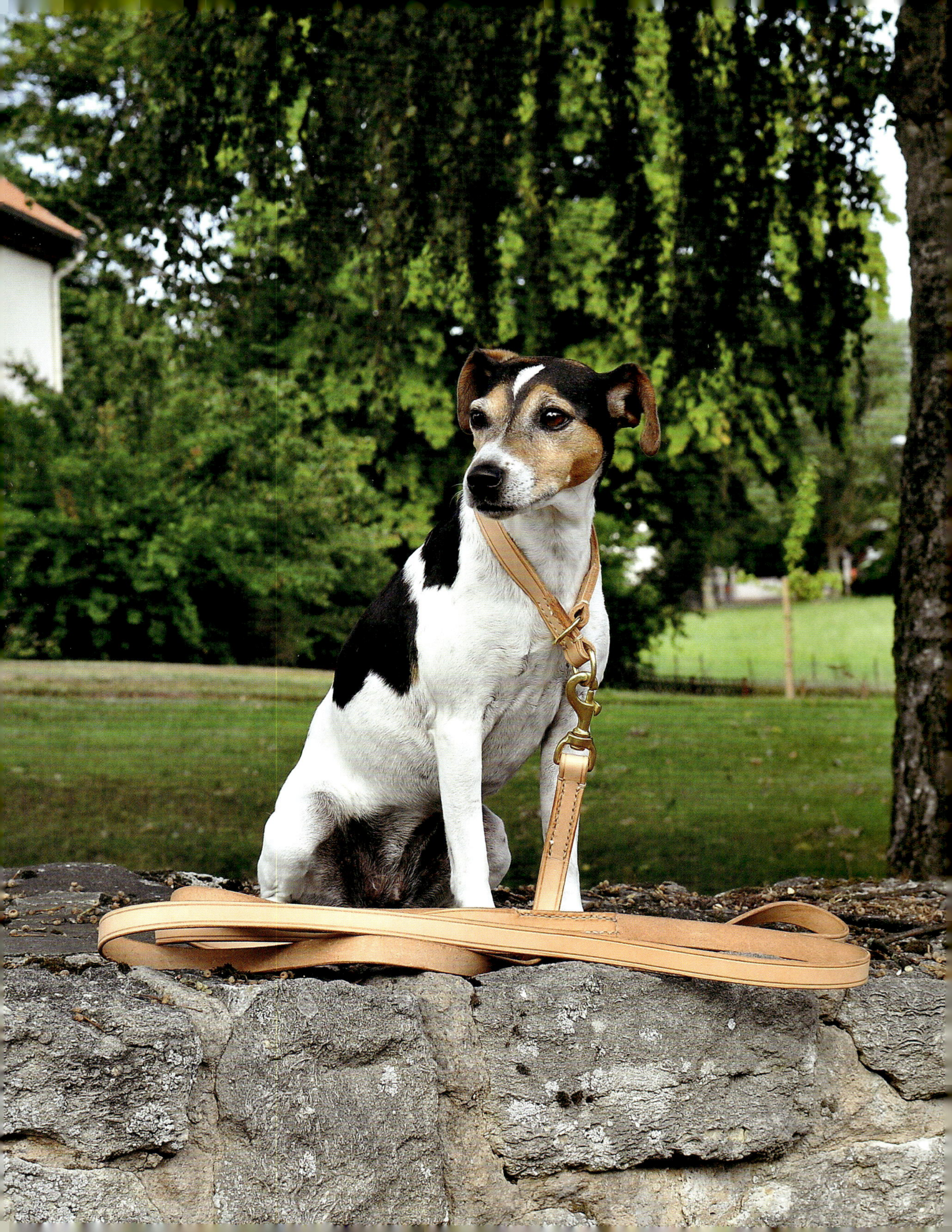

Eine Hundeleine nähen

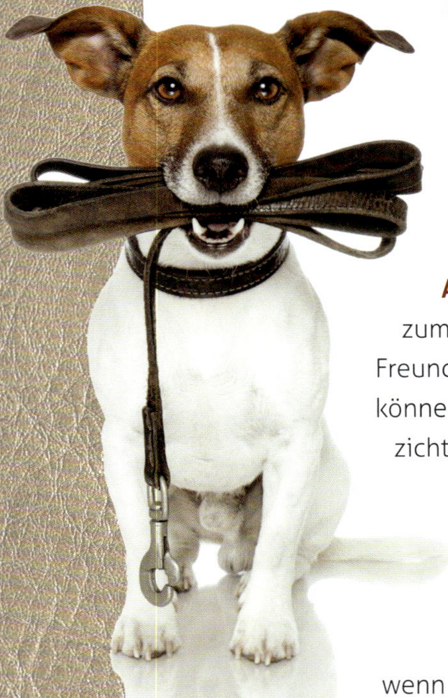

Nach einem Gürtel ist eine Hundeleine ein interessantes, aber einfaches Übungsstück.

Eine schöne Hundeleine aus richtigem Leder, handwerklich verarbeitet, ist gerade bei Pfostenschauen oder bei der Hubertusmesse die angemessene formelle Bekleidung für unseren Hund.

Auf Maß genäht benötigt die Leine keine Schnallen zum Verstellen, somit fallen Ecken weg, mit denen unsere Freunde hängenbleiben könnten oder die klappern. Sie können auch auf die vielen Schnallen und Schieber verzichten, die bei gekauften Leinen sicherstellen, dass jeder Kunde und jeder Hund damit zurechtkommt. Die Maße übernehmen Sie am besten von einer anderen Leine, die Sie schon auf das richtige Maß eingestellt haben. Oder Sie knüpfen aus einer Paketschnur ein Muster. Denken Sie daran, wenn Sie in der Wohnung Maß nehmen, dass die Leine im Winter auch über dicke Kleidung passen muss. Sollten Sie Endlosriemen bekommen, dann ist das sehr hilfreich, ansonsten müssen Sie ein Leinenstück an die Schlaufe für Ihren Körper anstückeln. Die Endlosriemen sind meist mehrfach geklebt, was aber so gut gemacht ist, dass man das nur sieht, wenn man genau hinschaut. Versuchen Sie es auf jeden Fall mit Einzelriemen, die sind für eine einfache Führleine völlig ausreichend. Das Halsband können Sie entweder separat fertigen oder gleich mit anbringen. Auch ist es möglich, eine Koppel einzuarbeiten, um zwei Hunde gleichzeitig führen zu können.

Das Halsband können Sie entweder separat fertigen oder gleich mit anbringen.

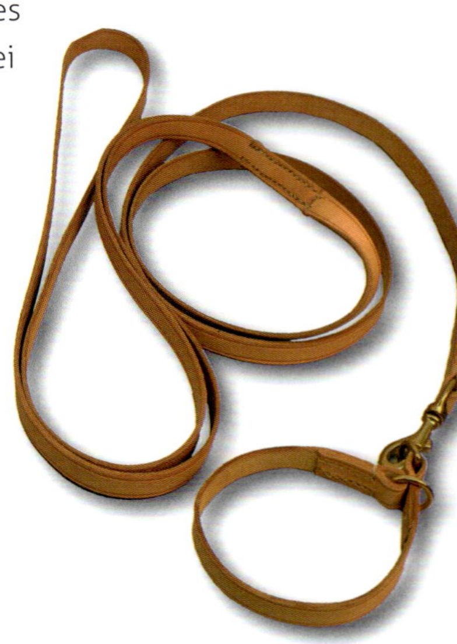

Die jagdlichen Umhängeleinen werden üblicherweise mit einem „begrenzten Würger" geführt, der dem Hund zum Schnallen einfach über den Kopf gezogen wird. Ein eingebauter Stopp verhindert, dass sich der Hund zu weit stranguliert. Insofern ist der Begriff „Würger" auch falsch gewählt, er hat sich aber eingebürgert.

Der „begrenzte Würger" wird so eingestellt, dass er in der zugezogenen Stellung den Hundehals zwar umschließt, diesen aber natürlich nicht zusammendrückt. Sie sollten mit dem Finger noch locker dazwischen kommen. Die offene Stellung ist so angepasst, dass man dem Hund die Halsung gerade noch so über den Kopf ziehen kann. Mit diesem Maß hat es der Hund schwer, sich nach hinten aus der Halsung herauszustehlen.

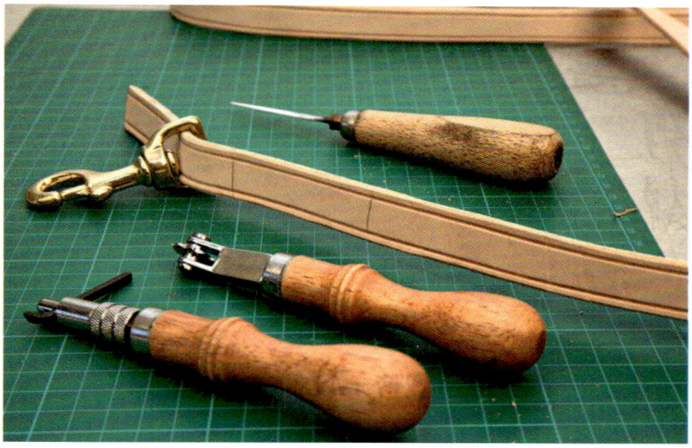

Zeichnen Sie die Naht an, heben Sie die Rille für die Naht mit dem Nahtversenker aus und markieren Sie die Stiche mit dem Nahtabstandsmarkierer.

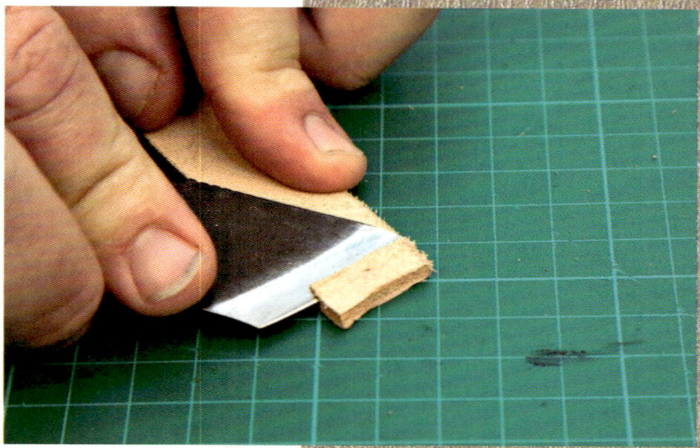

Das freie Ende wird mit dem Schustermesser ausgedünnt.

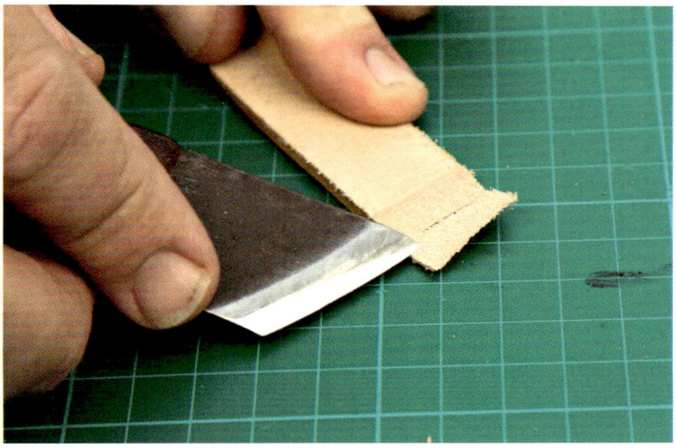

Dabei reicht es, ⅓ der Lederstärke auf einigen Millimetern wegzuschneiden, es soll lediglich ein sanfter Übergang geschaffen werden.

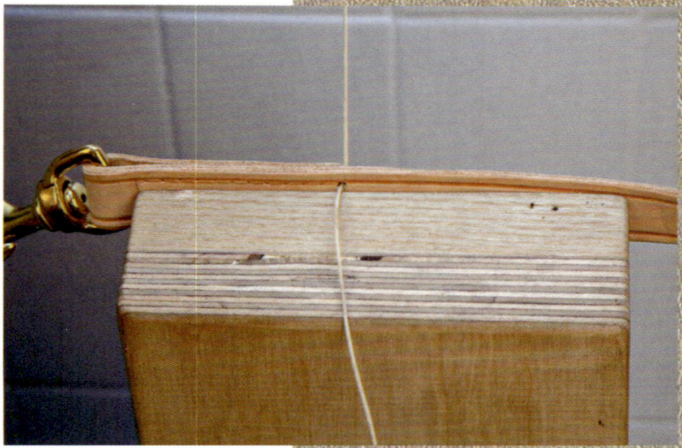

Das erste Loch soll vor der zweiten Lage Leder liegen, also nur durch das lange Ende führen. Ziehen Sie den Faden so durch das Loch, dass beide Enden gleich lang sind.

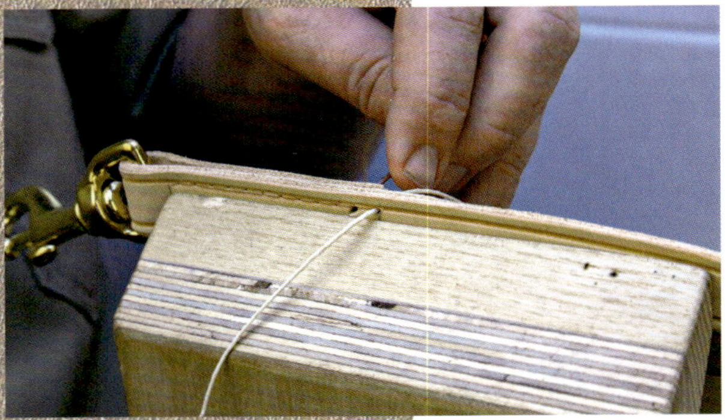

Das nächste Loch geht dann durch beide Lederschichten.

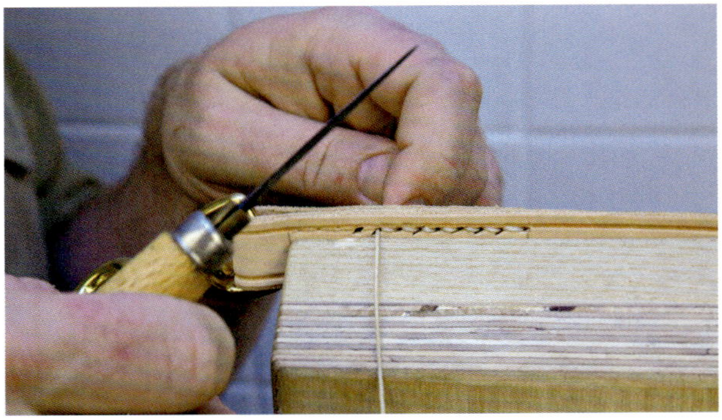

Jetzt nähen Sie auf den Karabiner zu.

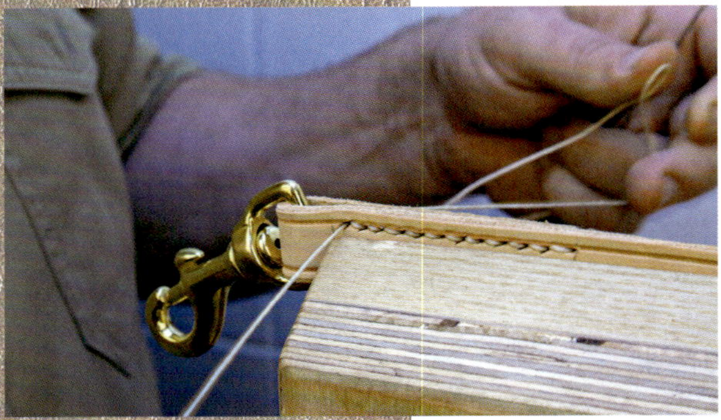

Das letzte Loch muss etwas großzügiger gestochen werden, da hier der Faden zweimal durchgeführt wird.

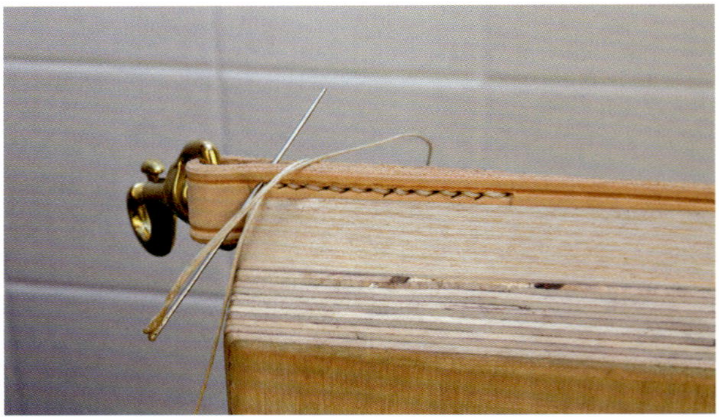

Am Ende angekommen, führen Sie die linke Nadel auf die rechte Seite und stechen diese so ein, dass die Nadel zwischen den beiden Lederlagen hervorkommt.

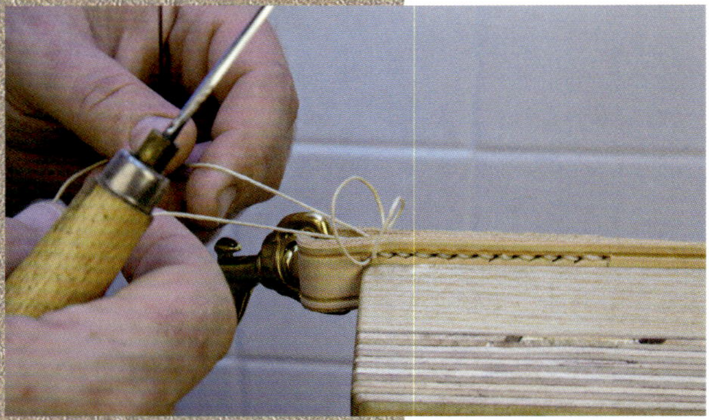

Die rechte Nadel führen Sie über die Kante des Leders und stechen von der linken Seite so ein, dass auch diese Nadel zwischen den Lederlagen zum Vorschein kommt. Dann ziehen Sie vorsichtig.

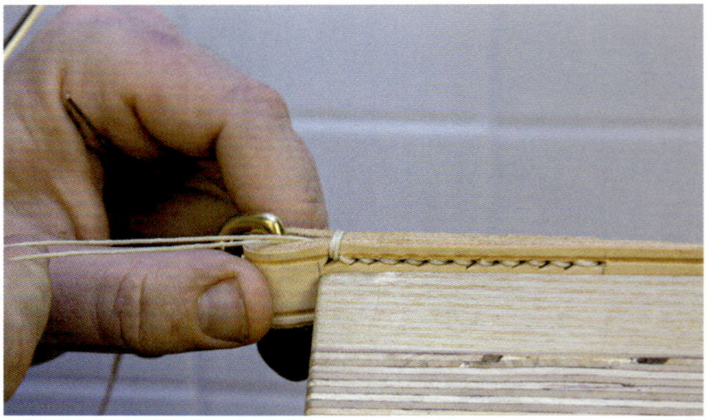

Die beiden Fäden gehen jeweils einmal über die Kante und nehmen so den seitlichen Zug auf.

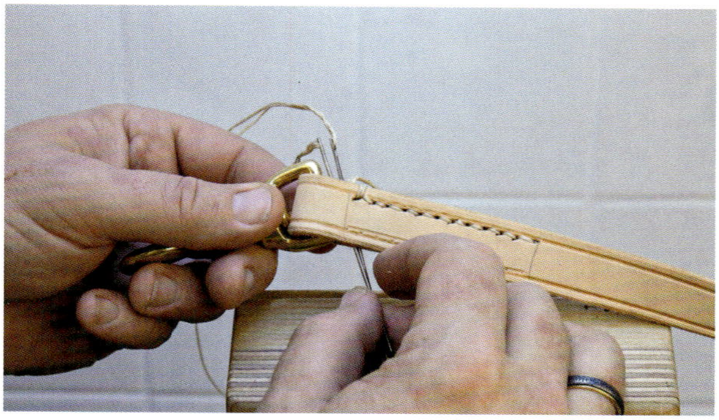

Nehmen Sie das Werkstück aus dem Nähkloben und führen Sie beide Nadeln auf die andere Seite.

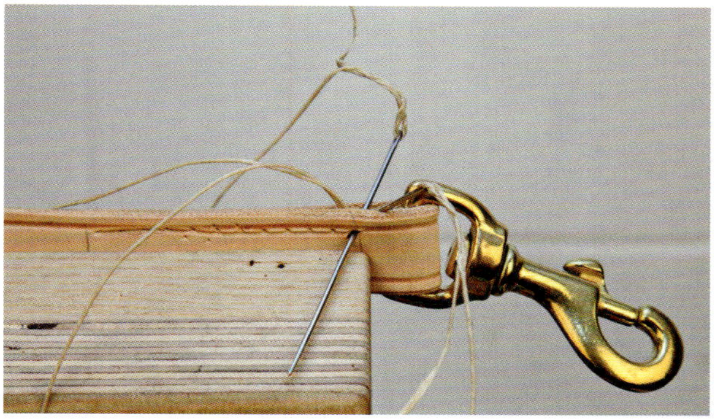

Stechen Sie beide Nadeln zwischen den Lederlagen so ein, dass diese nach außen zeigen und ziehen Sie die Fäden stramm.

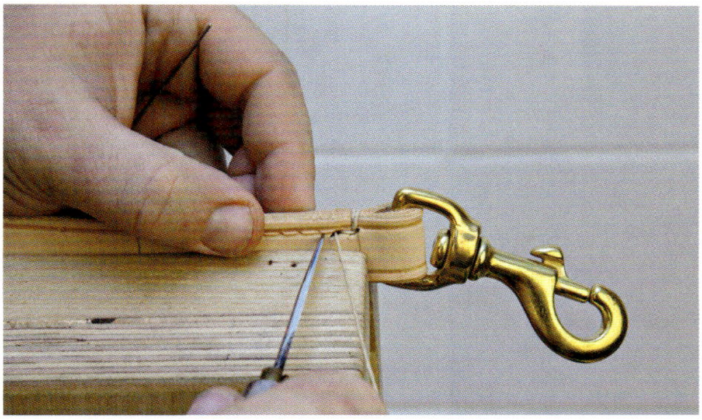

Ab jetzt können Sie ganz normal weiternähen. Jetzt sollten auch über dieser Kante zwei Fäden liegen.

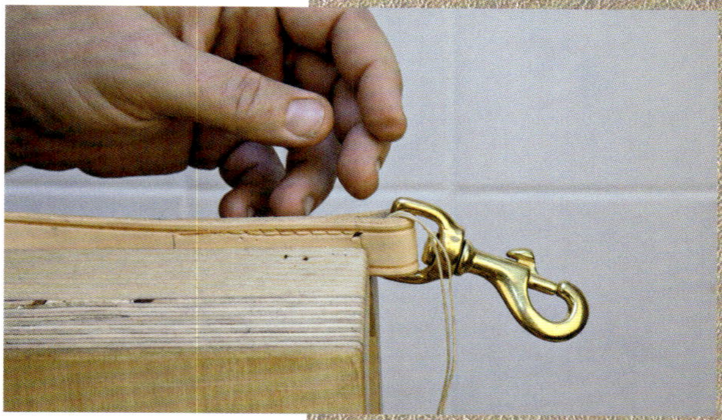

Klemmen Sie das Werkstück, für den zweiten Teil der Naht, mit dem Karabiner ein und stechen Sie das erste Loch wieder etwas großzügiger.

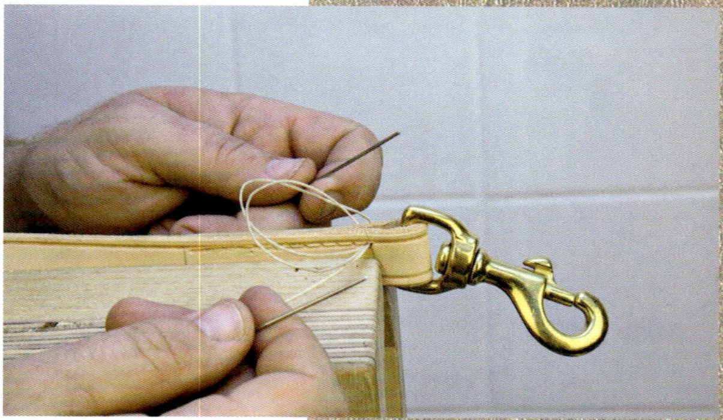

Führen Sie die beiden Fäden einmal über die Kante und stechen Sie die Nadeln von links und rechts durch beide Lederlagen.

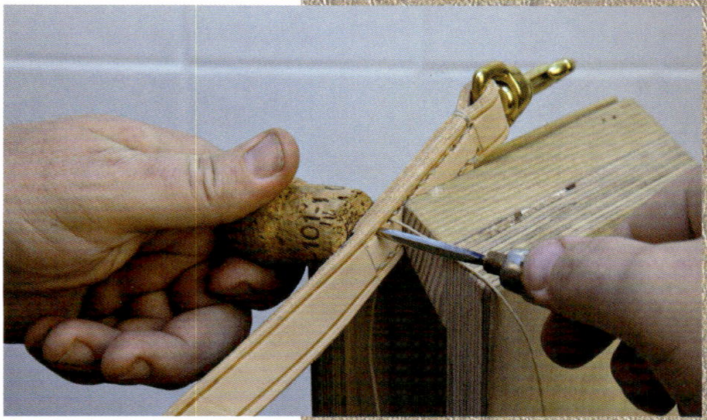

Sollte sich das letzte Ende nicht richtig einspannen lassen, dann stechen Sie durch das Leder in einem Korken. Die Naht beenden Sie mit zwei Stichen zurück.

Die Halsung könnte sich direkt an der Leine anschließen und aus einem Stück gefertigt werden, aber es ist immer besser, zwischen Leine und Halsung einen stabilen Wirbel einzubauen. Sie haben in diesem Fall auch die Möglichkeit, die Halsung aus deutlich breiterem Leder zu fertigen oder diese noch mit dünnem Leder zu unterfüttern. Als Stopp wird ein Ring eingenäht, ein zweiter als Gleiter und eventuell ein dritter am Ende, wenn dieser nicht direkt an den Wirbel genäht wird. Versuchen Sie als Gleiter einen Vierkantring zu bekommen, denn der verformt das Leder nicht. Ein kreisrunder Gleiter hat den Nachteil, das Leder in Längsrichtung abzurunden und an den Kanten zu schleifen.

Kaufen Sie ruhig einen größeren Karabiner. Er lässt sich mit Handschuhen auch im Winter gut bedienen.

Eine einfache Halsung mit Schnalle wird so gefertigt, dass man zum Einhaken des Leinen-Karabiners ein D-Ring anbringt. Die meisten sind oben auf die Halsung genäht, dabei ist es jedoch viel sinnvoller, diesen D-Ring auf die Halsung aufzuschieben und mit einem Ledersteg innen zu fixieren. Der Zug des Rings geht dann nicht auf die Naht und das Leder, sondern nur auf die Halsung selbst. Der Ledersteg ist nur dazu da, die Lage des Rings zu fixieren. Die Schnalle ist so weit von diesem D-Ring entfernt, dass das Ende der Halsung noch unter einen Riegel geschoben werden kann. Versuchen Sie je nach Durchmesser des Hundehalses, die Schnalle möglichst weit nach oben zu dem Aufhänger zu legen, das ist bequemer beim Anleinen des Hundes. Der Karabiner am unteren Ende der Leine sollte von ordentlicher Qualität sein. Wenn ein starker Drahthaar-Rüde in die Leine springt, dann geben die billigen Karabiner aus Zinkdruckguss schnell ihren Geist auf und den Hund frei, der dann beispielsweise über die stark befahrene Straße rennt, eine Katze jagt und überfahren wird. Gute Karabiner gibt es im Seglerbedarf aus rostfreiem Edelstahl. Kaufen Sie ruhig eine Nummer größer, denn die lassen sich bei Kälte mit Handschuhen besser bedienen. Scherenkarabiner lassen sich unter Druck lösen und der Hund ist sofort frei. Bolzenkarabiner lassen sich zwar unter Druck öffnen, der Hund ist aber nicht sofort frei, sondern muss aktiv zusätzlich ausgehakt werden.

Die Hundeleine fertigstellen

Die mittlere Naht besteht aus der Körperschlaufe und der eigentlichen Leine. Hier nähen Sie drei Lederlagen zusammen.

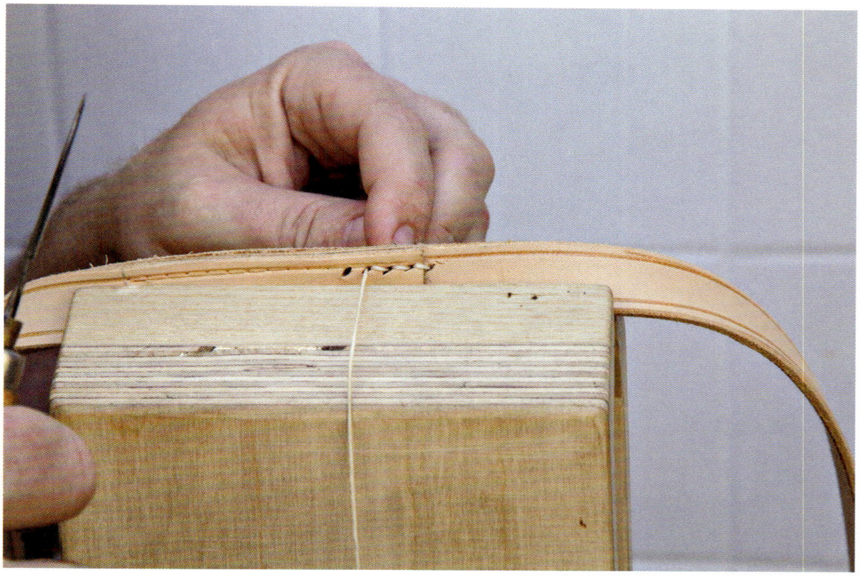

Beginnen Sie an der einfachen Leine und stechen Sie das nächste Loch durch alle drei Lagen.

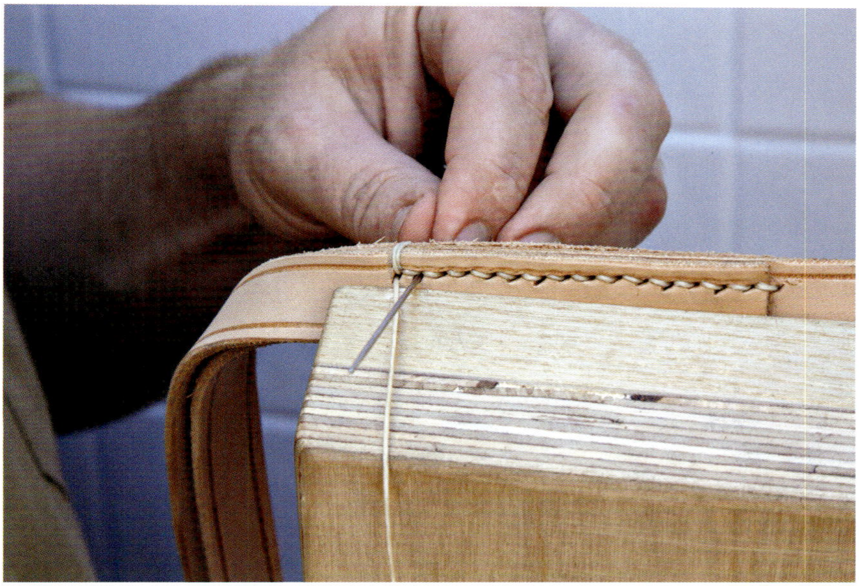

Am Ende, wo die Körperschlaufe beginnt, nähen Sie einmal über die Kante und dann zwei Stiche zurück. Auf der anderen Seite müssen Sie mit einem neuen Faden beginnen, hier gibt es leider keine schicke Lösung, den Faden auf die andere Seite zu bekommen.

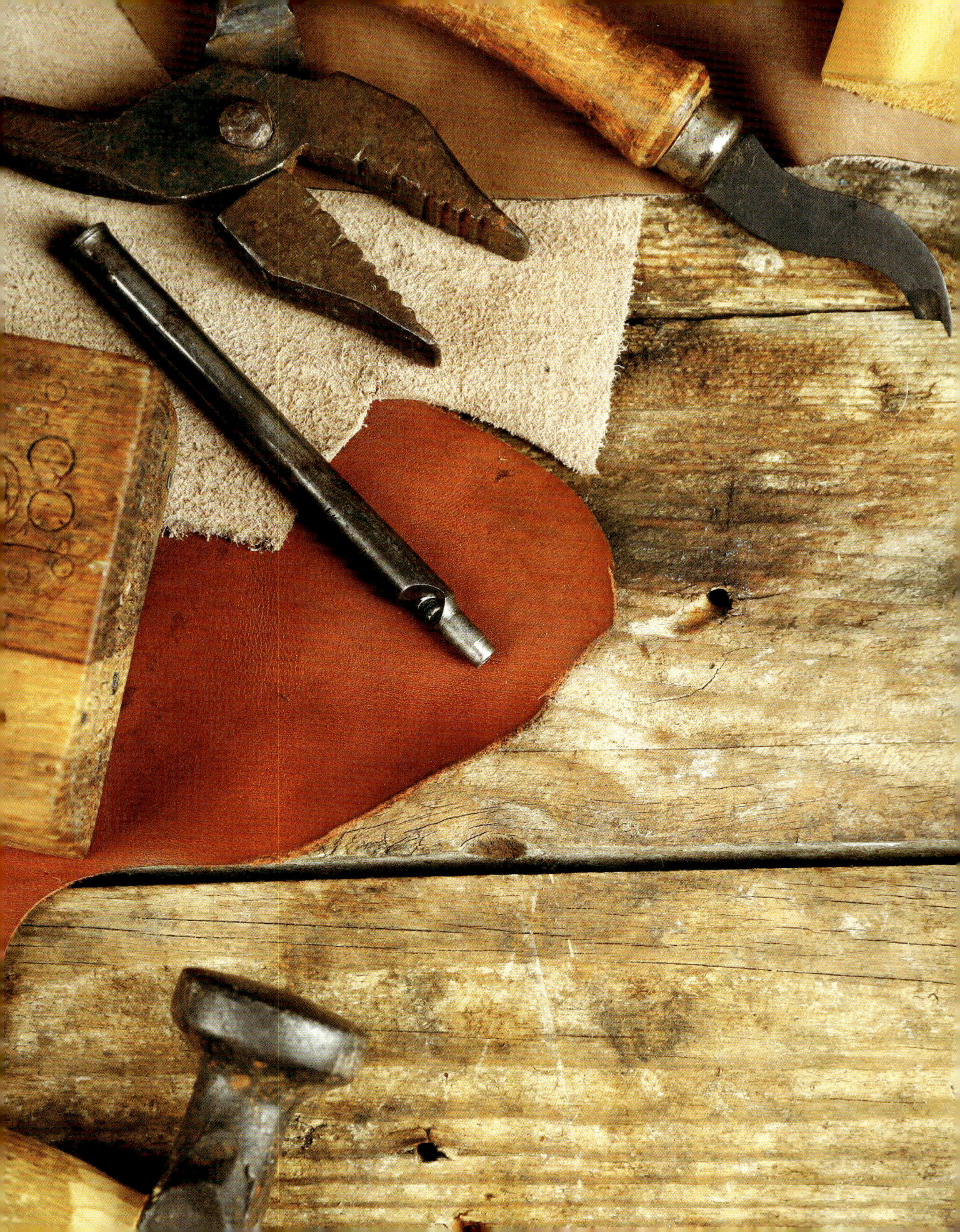

Eine Tasche nähen

Eine Gürteltasche ist genau das richtige Übungsprojekt für eine Fingerübung oder wenn man das Nähen erlernen will.

Eine Gürteltasche ist genau das richtige Übungsprojekt für eine Fingerübung oder wenn man das Nähen erlernen will. Man verbraucht nicht viel Leder, das Nähen ist nicht schwierig und praktisch ist solch eine Gürteltasche obendrein. Die Tasche sollte nicht zu klein gewählt werden, damit man bei den ersten Gehversuchen auch genug Platz mit Ahle und Nadel findet. Die Tasche sollte eine kleine wasserdichte Blechdose oder eine Schachtel Kleinkalibermunition aufnehmen, die somit die Innengröße festlegt. Das Rückenteil der Tasche geht in einem Stück in den Deckel über und kann auch gleichzeitig die Vorderseite bilden. In diesem Fall wird nur seitlich sowie rechts und links ein Lederstück eingenäht. Eine andere Möglichkeit ist, auf die Rückseite gleich auch die Vorderseite aus einem Stück aufzunähen: An der Vorderseite werden unten die Ecken ausgeklinkt, um sie nach innen zu knicken. In die Mitte dieses Schnitts muss zwingend ein Loch mit einer Lochpfeife vorgestanzt werden, ansonsten lässt sich die Sache nicht richtig falten. Lassen Sie die Seiten des Vorderteils lang genug, um diese nach dem Ausschneiden besser anpassen zu können. Die Faltlinien werden auf der Fleischseite innen ausgekehlt, um sie leichter und sauberer falten zu können.

Als Gürtelschlaufe kommen drei Varianten in Frage: Die erste, einfachste und am wenigsten schöne, besteht aus zwei Schlitzen in der Rückseite der Tasche. Die zweite Möglichkeit besteht darin, einen breiten Riemen flach anzunähen. Dabei sollte unter die obere Naht ein Stück Leder in der Stärke des Gürtels dazwischen gelegt werden, damit der Gürtel die Naht nicht durchscheuert. Das geht schnell und unkompliziert. Die eleganteste und letzte Möglichkeit ist, den oberen Teil der Schlaufe umzulegen,

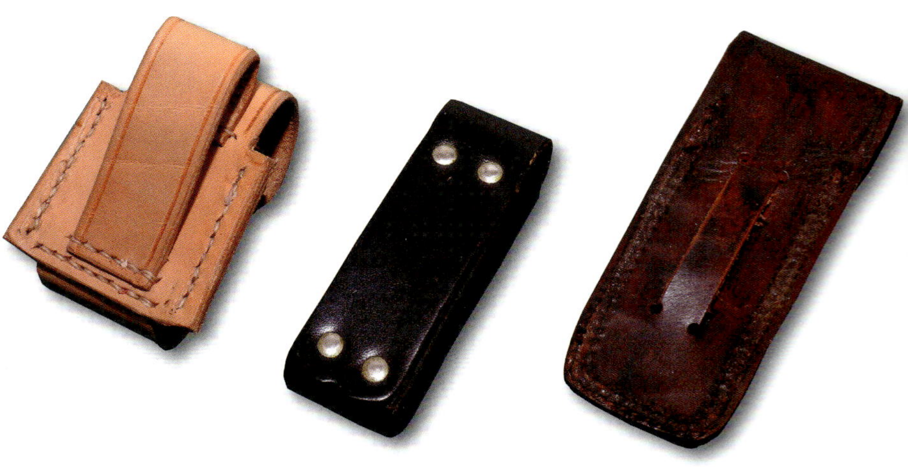

sodass der Gürtel in dieser Schlaufe liegt. In diesem Fall steht die Tasche aber etwas vom Gürtel ab, sie hängt quasi in der Schlaufe. Dafür hält diese Variante aber besonders lange und die Schlaufe kann auch höher an der Tasche angebracht werden. Die Tasche hängt also insgesamt tiefer am Gürtel, was für einen angenehmeren Tragekomfort sorgt.

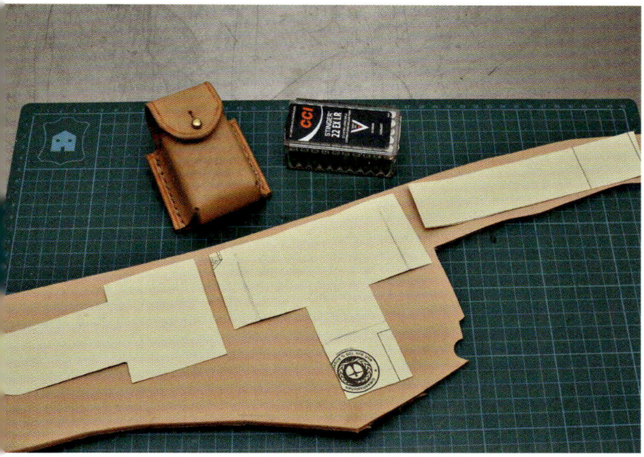

Legen Sie die Schablonen mit genug Platz rundum auf dem Leder aus.

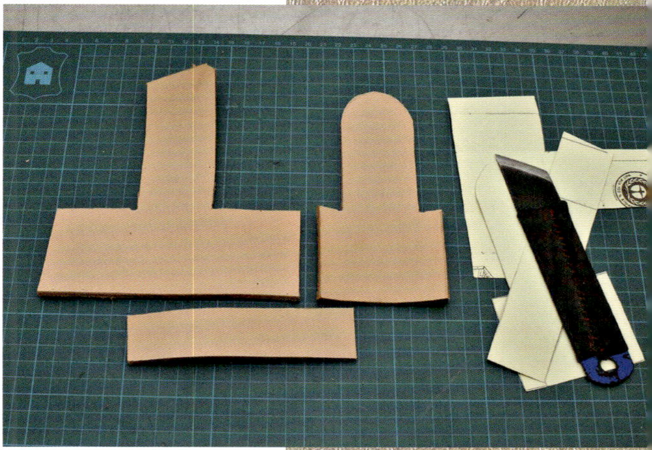

Die Lederstücke sind sauber ausgeschnitten.

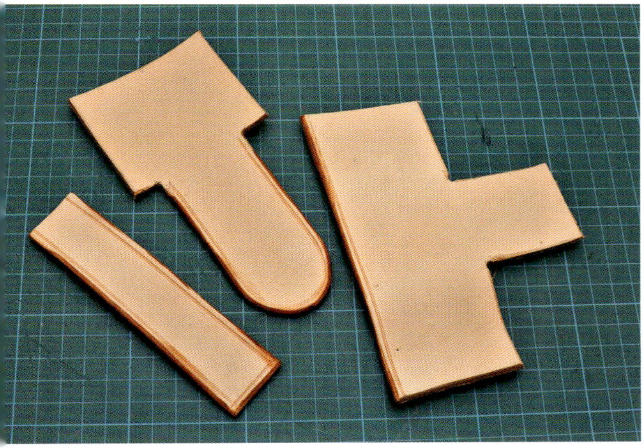

Polieren Sie vor dem Nähen die Kanten, an die Sie später nur noch schlecht herankommen.

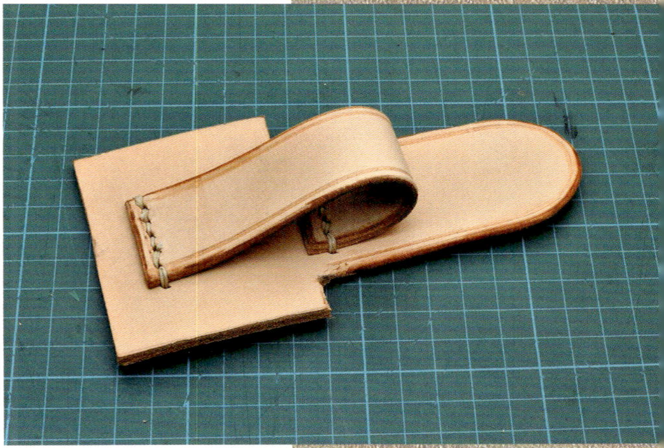

Die Gürtelschlaufe wird zuerst aufgenäht.

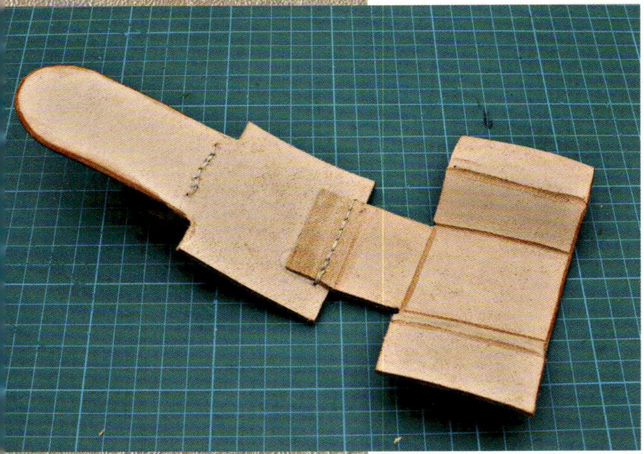

Danach wird das Vorderteil aufgenäht. Die Ausnehmungen, die dazu dienen, das Leder besser knicken zu können, sind hier gut zu erkennen.

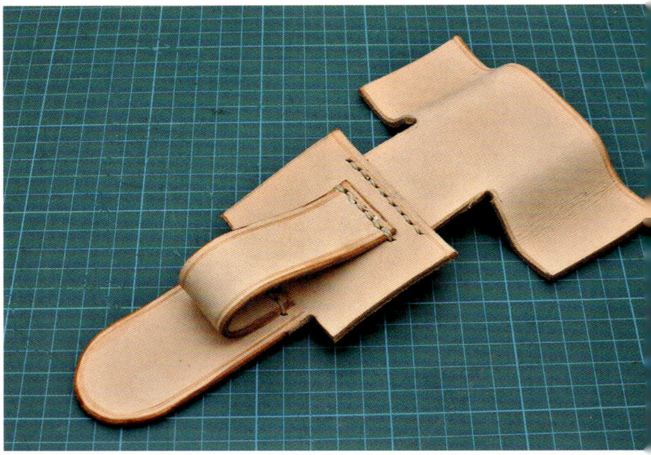

Die Seiten am Vorderteil sind länger als benötigt, um dort das Werkstück besser spannen zu können.

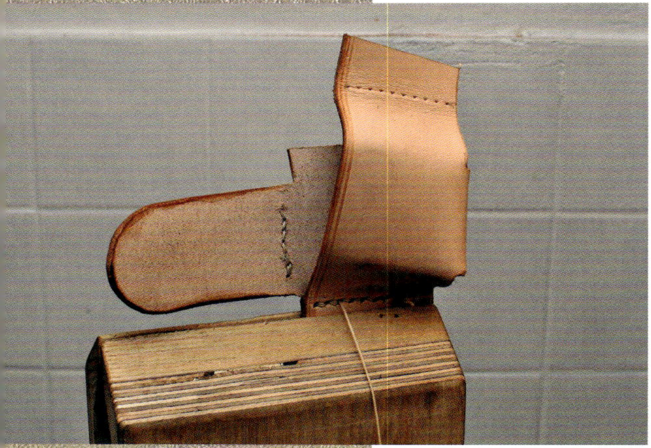

Die erste Naht ist fertig.

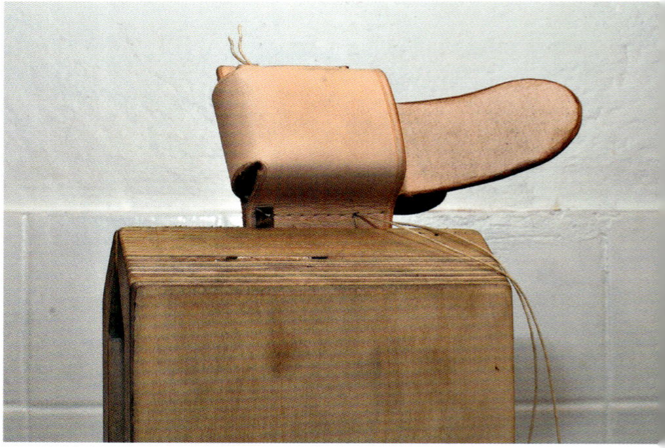

Die zweite Seite wird genauso genäht.

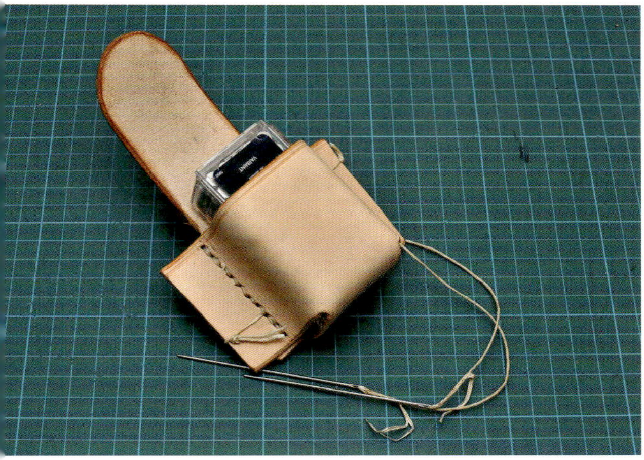

Erste Anprobe nach dem Nähen.

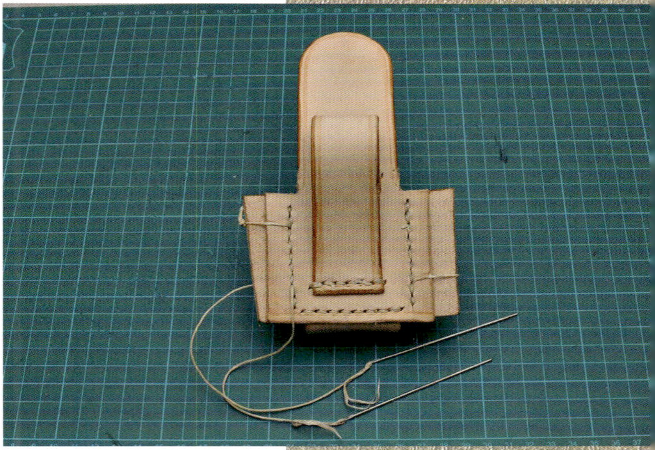

Die Tasche von der Rückseite aus betrachtet: Sehr schön zu sehen sind die zu langen Vorderteile, die jetzt beim Versäubern der Naht bündig abgeschnitten werden.

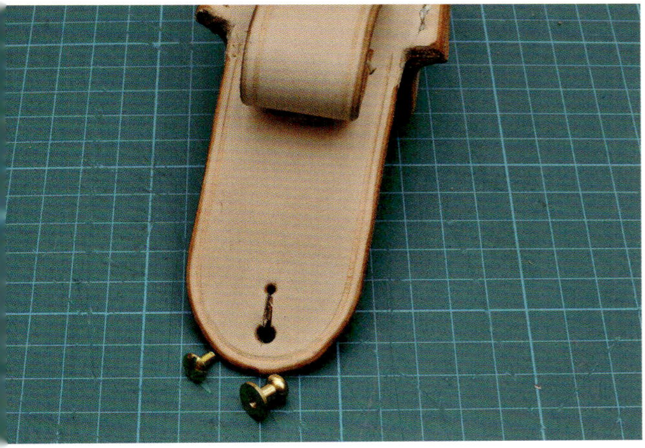

Der Beiltaschenknopf wird montiert.

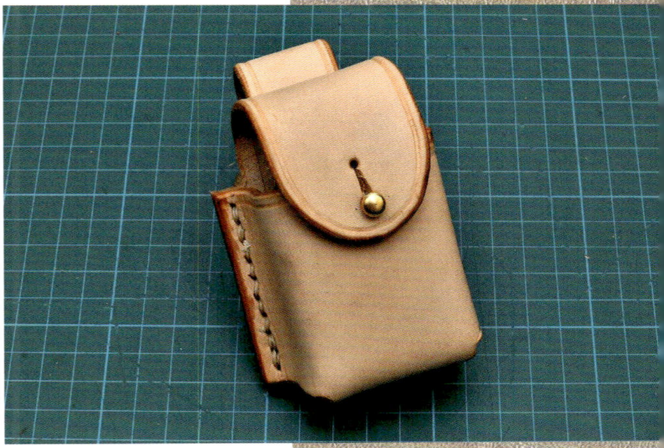

Die fertige Tasche.

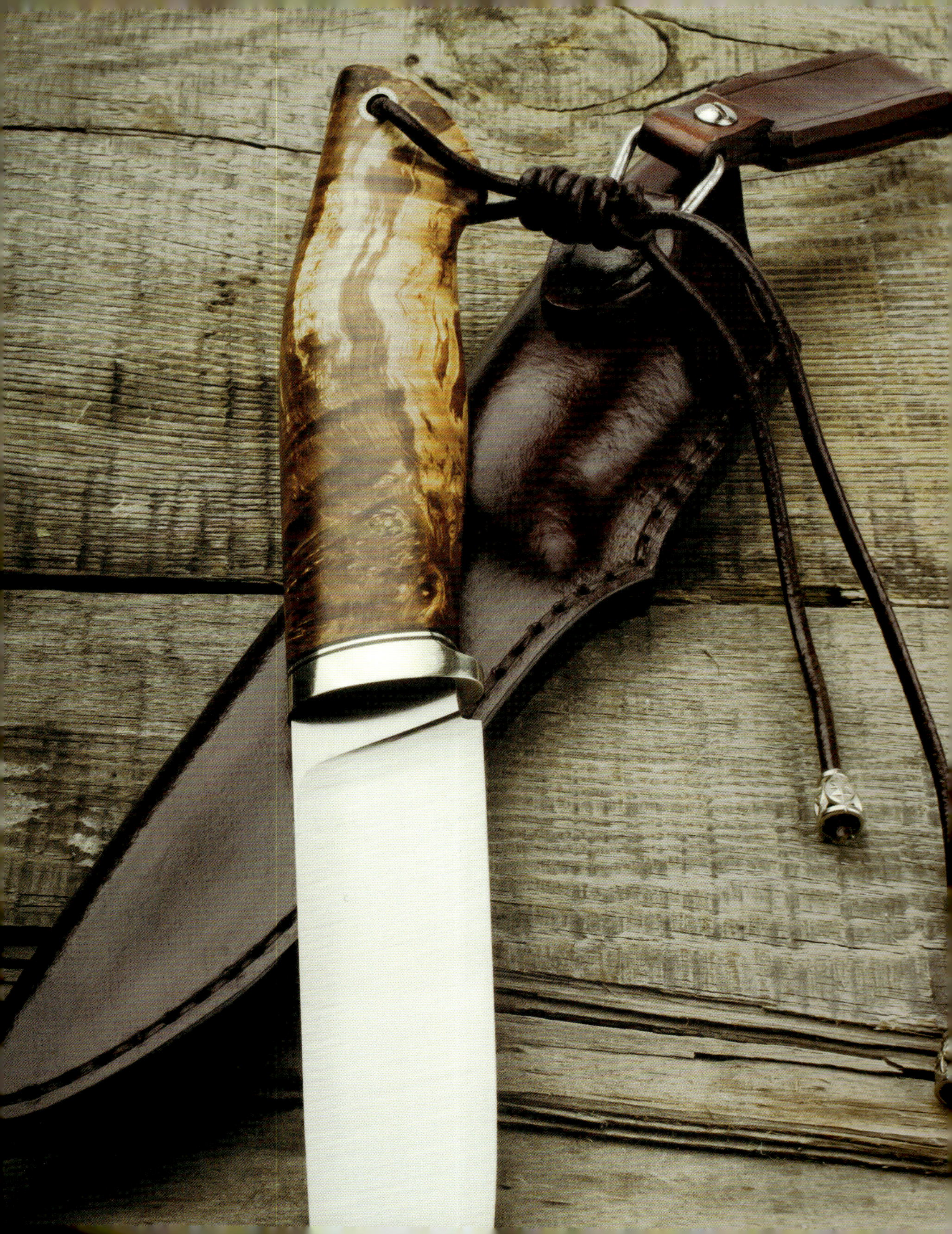

Eine Messerscheide nähen

Eine Köcherscheide nähen

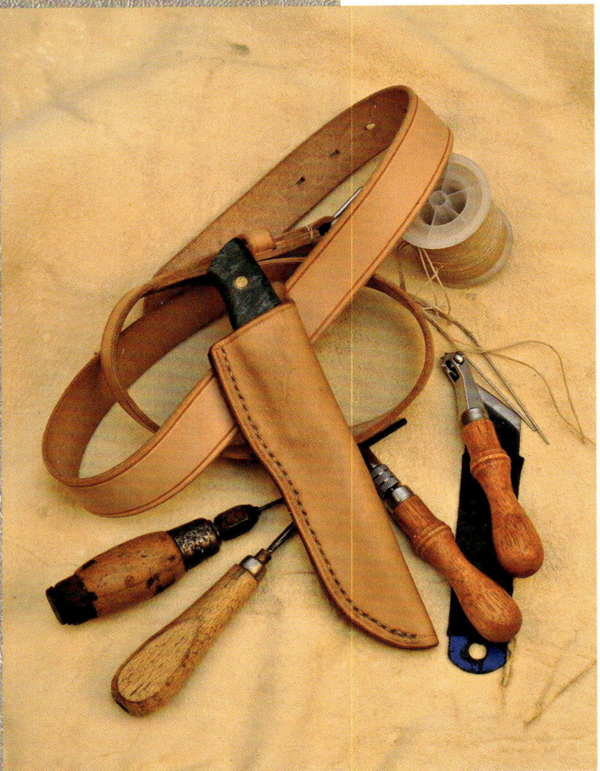

Eine passende Messerscheide als Köcherscheide gefertigt, ist ein Kunstwerk und sieht nur trivial aus, was sie aber nicht ist. Man kann eine Menge falsch machen. Grundsätzlich sollte eine Scheide das Messer an sich und den Messerträger vor dem Messer schützen. Weiterhin sollte sich die Scheide am Gürtel bequem tragen lassen und nicht stören, das Messer sollte sich leicht ziehen und wieder wegstecken lassen, aber auch „unverlierbar" fest sitzen. Eigentlich passt das alles nicht zusammen, aber dank der besonderen Eigenschaften von Leder ist es trotzdem realisierbar. Es ist bisher noch nicht gelungen, eine Scheide zu konstruieren, die wie eine gute Lederscheide alle Eigenschaften vereint, aber aus billigem Kunststoff gefertigt ist.

Für Köcherscheiden ist ein Messer mit einem gering ausgeprägten oder fehlenden Handschutz von Vorteil. Gebogene Klingen oder Messer mit breiten Spitzen und verjüngten Klingen lassen sich besonders schlecht wegstecken. Messer mit einem ausgeprägten Handschutz sind in Steckscheiden mit einem Sicherungsriemen gut aufgehoben.

Die Köcherscheide besteht aus einem einzelnen Stück Leder, das um das Messer gelegt und vernäht wird. In Skandinavien wird die Scheide aus relativ dünnem Leder gefertigt, mit einem Holz- oder Kunststoffeinsatz versehen und auf der Rückseite vernäht. Das ist aber ein Spezialfall und erfordert mehr als Anfängerkenntnisse. Die üblichen Köcherscheiden werden am Klingenrücken gefaltet und an der Seite der Schneide vernäht. Dabei umschließen sie etwa zwei Drittel des Griffs. Bei der Konstruktion ist es wichtig zu beachten, dass das Messer nicht auf der Spitze aufliegt, sondern mit dem Handschutz innen auf einem Gegenlager auf dem Keder. Richtig gefertigt, schnappt das Messer regelrecht ein, wenn man einen toten Punkt überschreitet und sich die Lederscheide nach dem anfänglichen Weiten durch das übermaßige Messer wieder zurückbildet.

Die Köcherscheide besteht aus einem einzelnen Stück Leder, das um das Messer gelegt und vernäht wird.

Zum Maßnehmen sollten Sie das Messer zunächst durch einem Klebestreifen über der Schneide entschärfen. Dann brauchen Sie Packpapier oder ein Hängeregister, denn DIN A 4 Kopierpapier ist zu flexibel und meist auch zu klein. Schneiden Sie ein ausreichendes Stück aus dem Papier aus und falten Sie es in der Mitte. Dann falten Sie das Papier wieder auseinander und legen das Messer mit dem Klingenrücken an den Knick und legen es flach hin. Jetzt falten Sie den Handschutz am unteren Ende des Messers im rechten Winkel nach oben. Diese beiden Linien – der Knick und die Falz zwischen Handschutz und Klinge – dienen Ihnen jetzt zur Orientierung. In dieser Stellung übertragen Sie die Umrisse des Messers auf die untere Seite des Papiers. Von dieser Linie etwa 8–10 mm entfernt wird eine weitere Linie gezogen, das ist die Innenseite des Keders. Dann kommt einen Linie in der Stärke des Keders, ebenfalls um die 8–10 mm. Die Spitze sollte nach unten mindestens 10 mm Luft haben, damit diese nicht an dem Keder anliegt und auch nicht in die Nähe der Naht kommen kann.

Zum Maßnehmen sollten Sie das Messer zunächst durch einem Klebestreifen über der Schneide entschärfen.

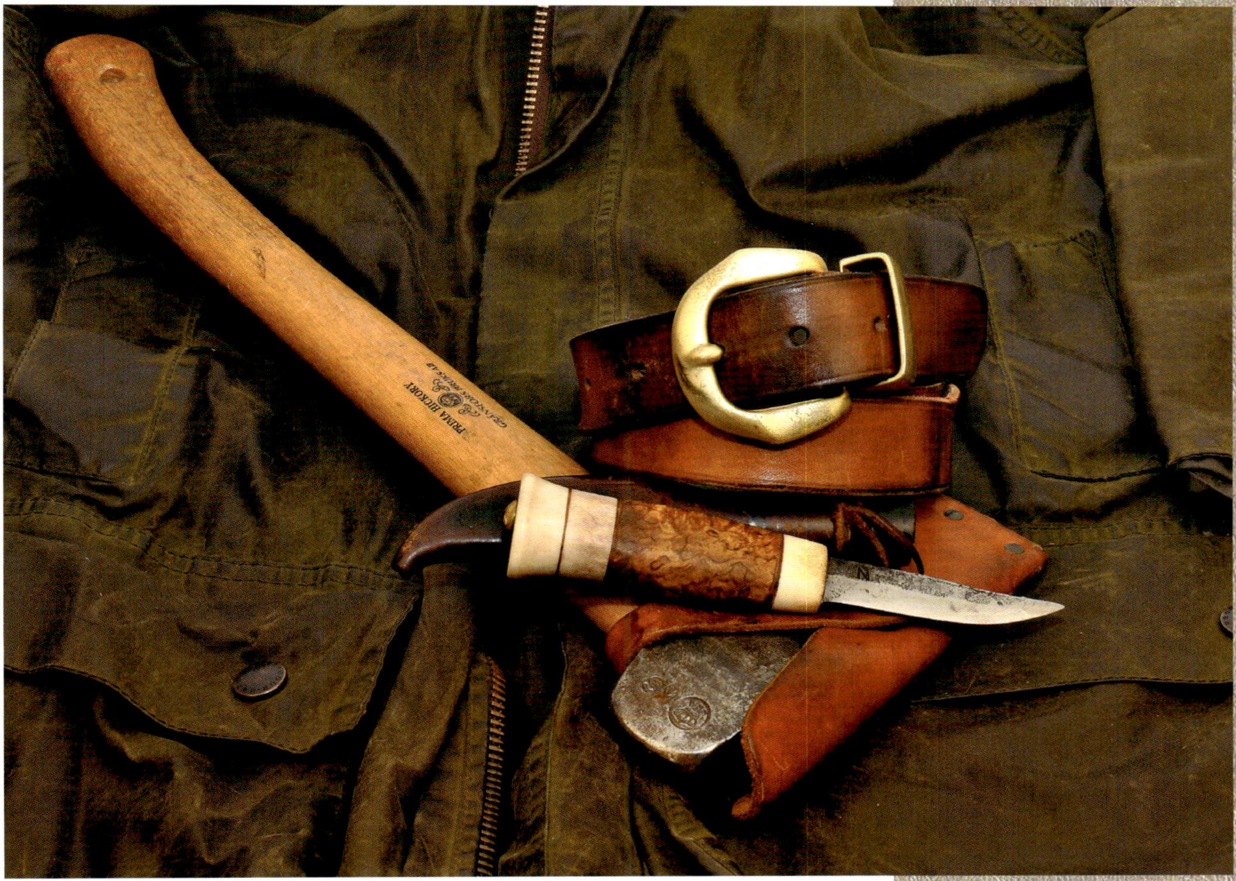

Die Gestaltung des oberen Teils der Scheide, die den Griff umschließt, ist abhängig von der Form des Griffs. Der Keder sollte so geformt sein, dass der Vorderteil des Handschutzes – und sei er noch so klein – dort aufliegen kann. Ist der Griff besonders voluminös, dann bietet es sich an, ein weiteres Stück Leder als Zwischenlage zu verwenden. Dadurch ist der Scheidenmund weiter offen und das Messer ist nicht so eingeklemmt und unter Spannung. Wichtig ist, einen leichten Bogen im Keder zu erzeugen, damit der Handschutz unter Druck in die Scheide eingeführt werden muss, und dann, wenn er einen toten Punkt überschritten hat, wieder lockerer in der Scheide gehalten wird. Das ist eigentlich der Idealzustand, den man aber nur dann erreicht, wenn die Eigenschaften des Leders berücksichtigt werden. Je steifer und starrer das Leder, desto schwieriger ist es, diesen Zustand zu erreichen. Ist das Leder weicher und geschmeidiger, kann man mit etwas Nassformen zu einer guten und sicheren Passform kommen. Sollte trotzdem die Passform zu locker sein, dann können Sie mit einem Abnäher die Scheide noch retten, vorausgesetzt, der Keder ist breit genug angelegt.

Ideal ist es, wenn man die Scheide mit dem Messer darin schütteln kann, ohne dass das Messer herausfällt. Wenn Sie die Scheide festhalten und das Messer bewegen, dann sollte es sich entweder überhaupt nicht bewegen, oder sich zwischen der Auflage und dem Toten Punkt nur einen Millimeter rauf und runter.

Ideal ist es, wenn man die Scheide mit dem Messer darin schütteln kann, ohne dass das Messer herausfällt.

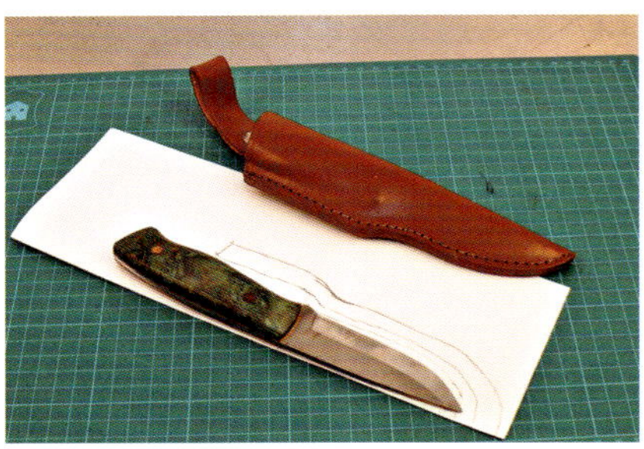

Falten Sie ein Blatt Papier und legen Sie das Messer an die Faltkante und zeichnen Sie die Lederscheide an.

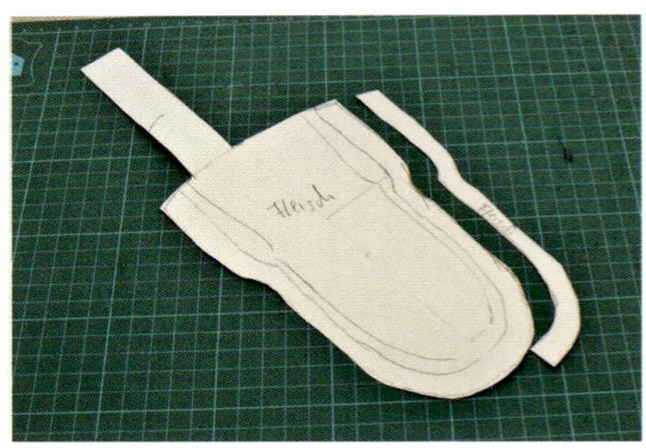

Die fertig ausgeschnittene Schablone, daneben der Keder.

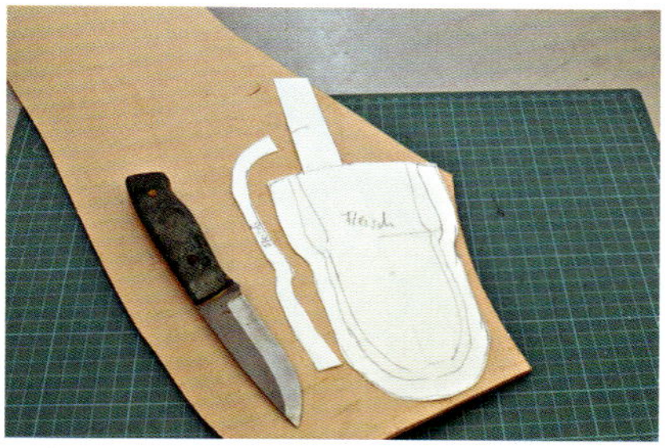

Legen Sie die Schablone auf das Leder und übertragen Sie diese.

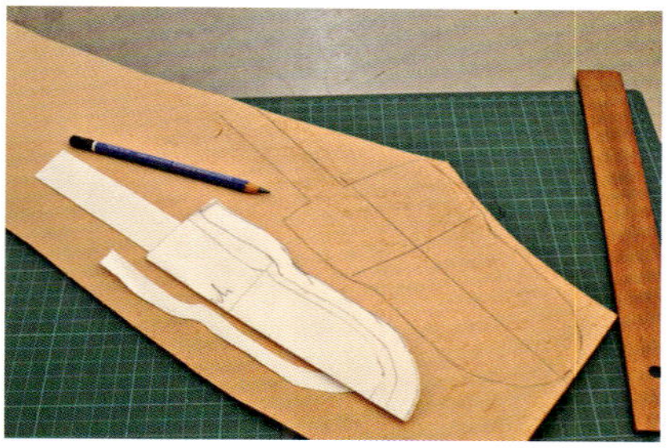

Zeichnen Sie zusätzlich die Linie zwischen Griff und Klinge und die Faltlinie ein.

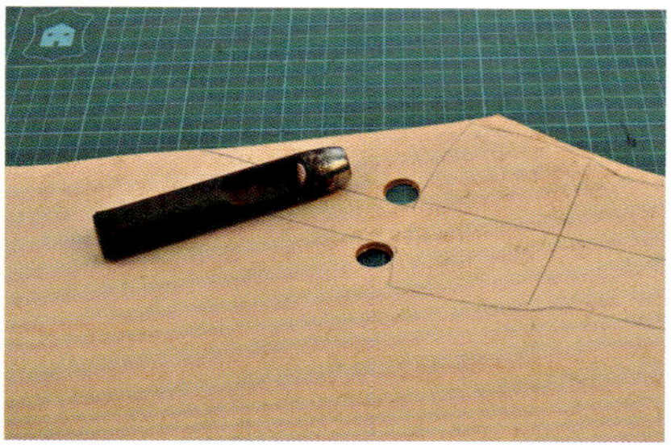

Die sauberen Übergänge zur Gürtelschlaufe stanzen Sie mit einer Lochpfeife.

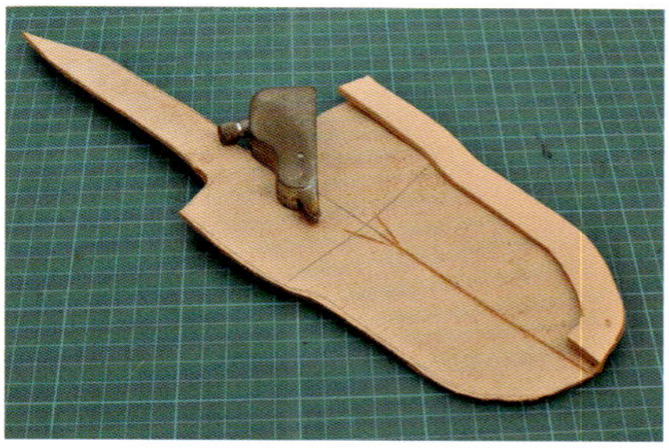

Die Faltlinie heben Sie mit dem Aushebewerkzeug aus, sodass sie sich leichter falten lässt.

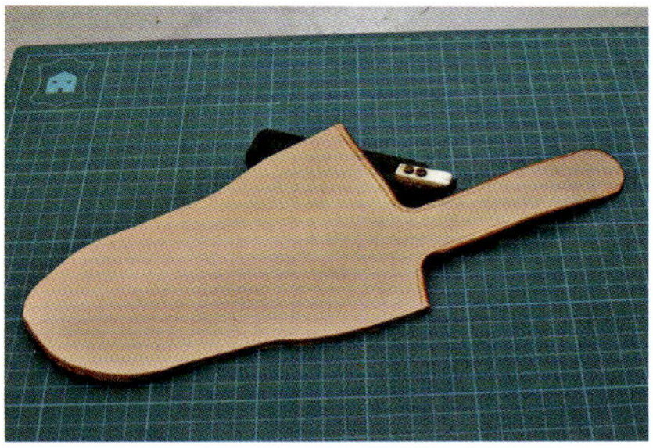

Bearbeiten Sie die Kanten am Scheidenmund und an der Gürtelschlaufe, weil diese Stellen nach dem Zusammennähen nur noch schlecht zugänglich sind.

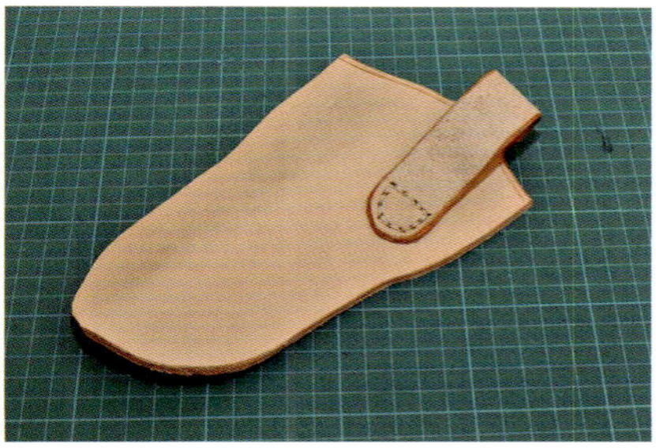

Die sauber angenähte Gürtelschlaufe.

Tipp

Eine separat aufgenähte Gürtelschlaufe spart jede Menge Material und Verschnitt.

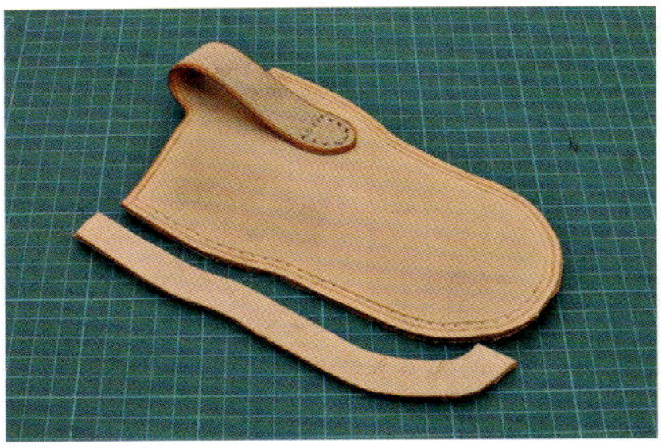

Drücken Sie eine Zierrille in die Scheide, schneiden Sie die Vertiefung für die Naht und markieren Sie die Stiche.

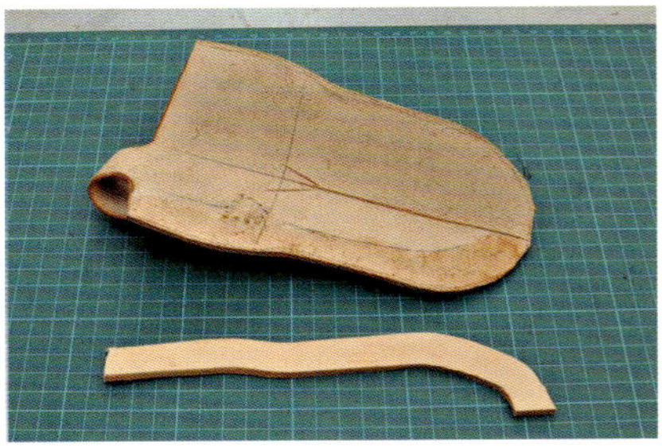

Streichen Sie eine Seite der Scheide und des Keders mit Klebstoff ein und lassen Sie diesen vor dem Verkleben etwas ablüften.

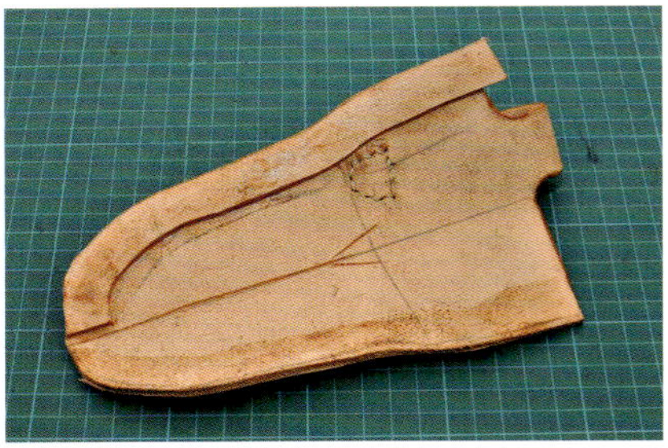

Wenn der Keder auf einer Seite aufgeklebt ist, bestreichen Sie die anderen Seiten ebenfalls mit Kleber.

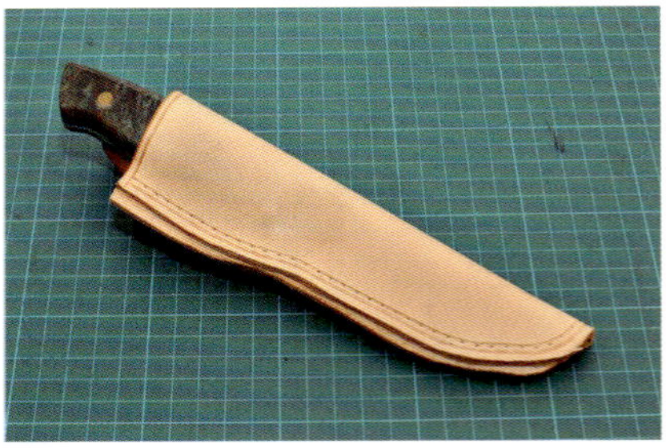

Drücken Sie die Scheide zusammen, der Keder darf ruhig etwas herausschauen, und machen Sie eine erste Anprobe.

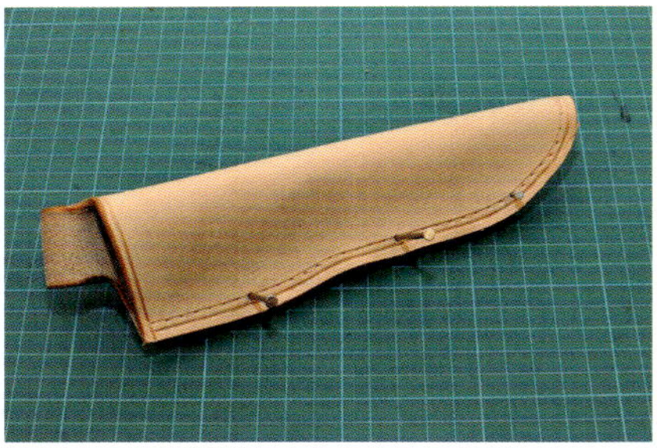

Vor dem Nähen können Sie die Scheide zusätzlich mit einigen Nägeln zusammenheften.

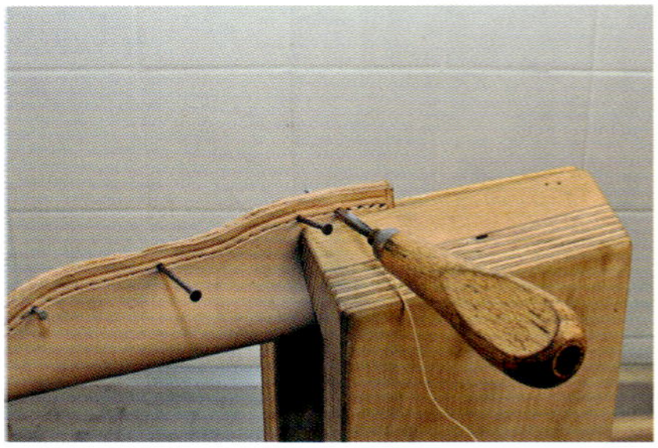

Nähen Sie die Scheide vom Mund beginnend zusammen.

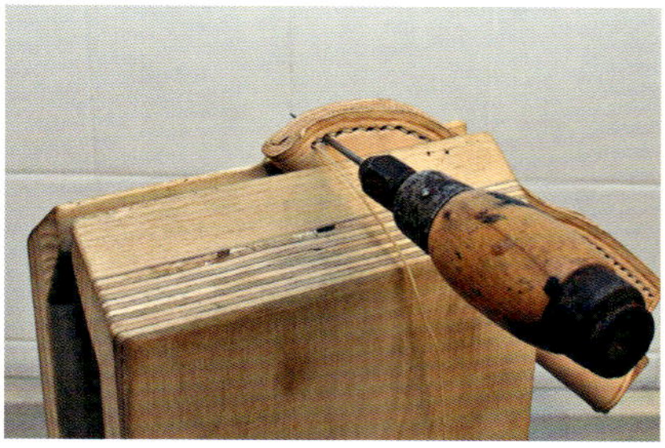

Am Ende nähen Sie noch zwei Stiche zurück, wobei die Löcher mit einer Rundahle geweitet werden.

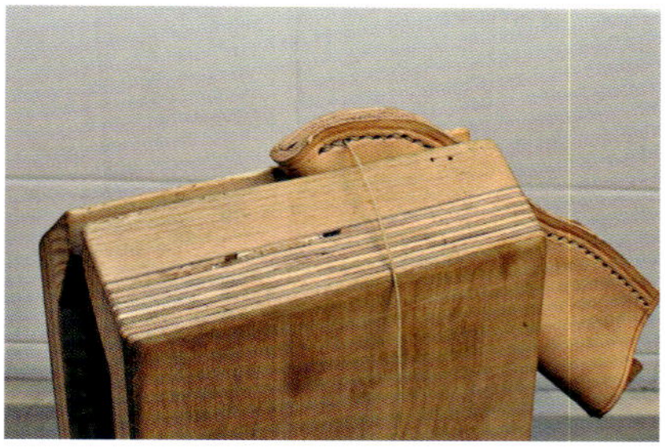

Die Naht ist komplett.

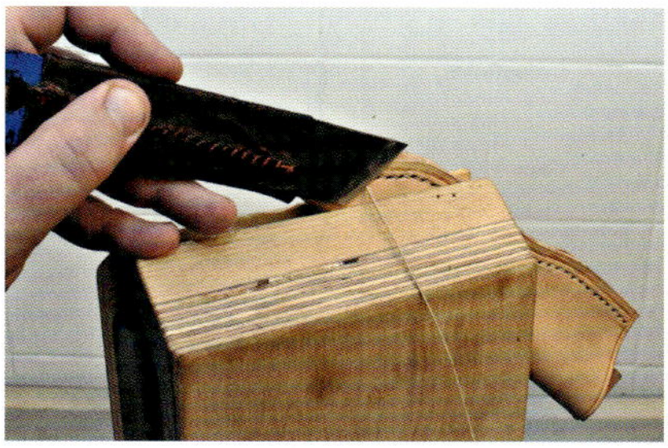

Schneiden Sie die Fäden bündig ab, dann geht nichts mehr auf.

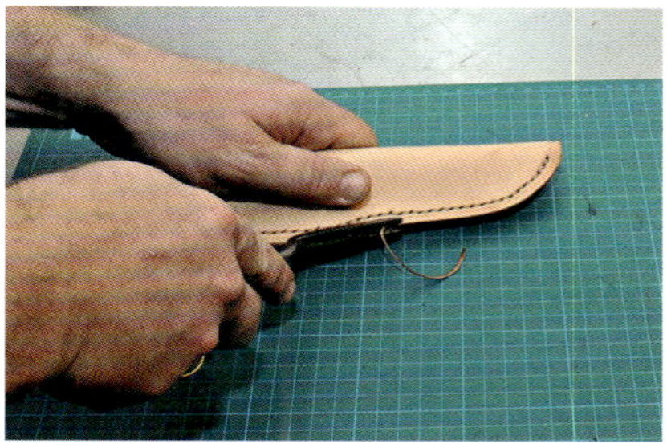

Mit einem Kantenzieher brechen Sie die Kante.

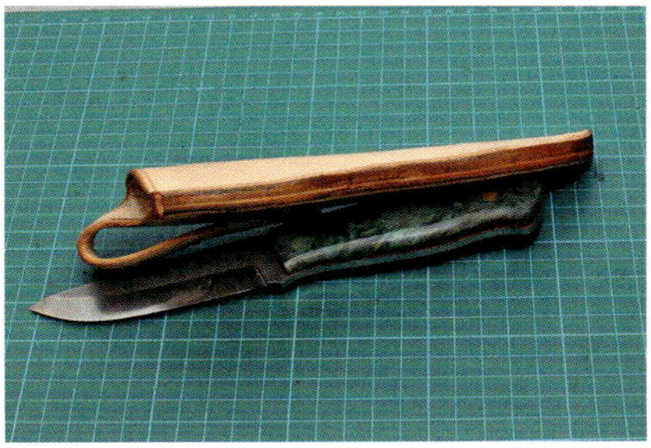

Nach dem Schleifen und Polieren ist die Kante sauber.

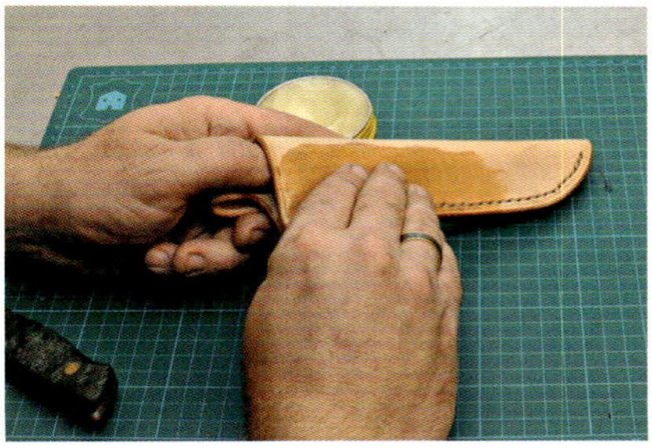

Fetten Sie die Scheide mit einem guten Lederfett. Mit den Fingern geht das besser als mit Lappen oder Bürsten.

Scheide für ein Bowie-Messer

Eine Scheide für ein Bowie-Messer ist relativ einfach zu fertigen, da die Passform hier keine Rolle spielt. Solange die Klinge in die Scheide passt, ist der Rest schnell erledigt. Das Messer wird einfach mit einem Sicherungsriemen über den Handschutz fixiert. Dabei ist es vorteilhaft, wenn der Riemen von der Seite des Klingenrückens geführt wird, weil der Riemen dann nicht aus Versehen beim Wegstecken des Messers im Weg ist und zerschnitten wird.

Das Messer wird einfach mit einem Sicherungsriemen über den Handschutz fixiert.

Bei kurzen Klingen, schweren Messergriffen sowie bei sehr weichem Leder – wie das früher an den meisten Fahrtenmessern zu sehen war –, ist noch ein zusätzlicher Riemen im oberen Drittel des Griffs angebracht. Dieser dient aber weniger dazu, das Messer zu sichern, sondern wurde vielmehr eingearbeitet, weil der Griff das Messer umkippen lässt und das weiche Leder das nicht verhindern kann. Beim Selbstbau einer Scheide können Sie das leicht verhindern, indem Sie die Gürtelschlaufe etwas tiefer als gewöhnlich annähen, was die Scheide stabilisiert.

Der untere Teil der Scheide kann entweder aus zwei Teilen bestehen, die einfach aufeinander genäht werden, oder aus einem einzelnen Stück, das am Messerrücken umgeklappt wird.

Der obere Teil kann ebenfalls aus einem einzelnen Teil bestehen, das einfach umgeklappt wird, um die Gürtelschlaufe zu bilden. Die andere Möglichkeit ist, eine Gürtelschlaufe separat anzunähen, wobei Sie hier die Höhe bestimmen können, an der die Scheide am Gürtel hängt.

Der untere Teil der Scheide kann entweder aus zwei Teilen bestehen, die einfach aufeinander genäht werden, oder aus einem einzelnen Stück, das am Messerrücken umgeklappt wird.

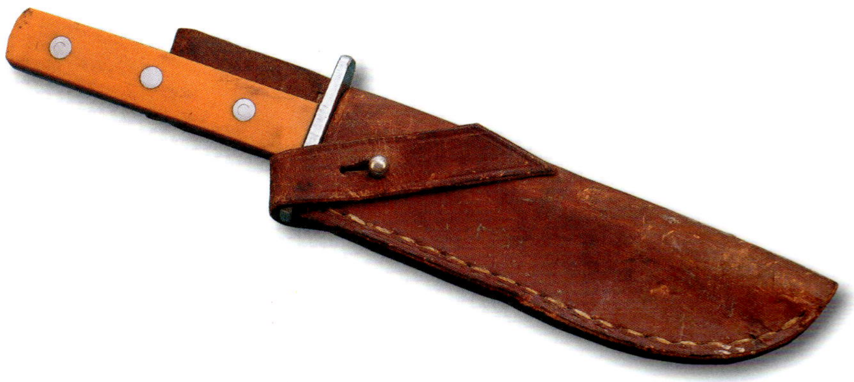

Wenn die Messer zu groß sind – ab etwa 25 cm Klingenlänge – wird das Messer zu schwer und zu unhandlich, sodass die Trageweise am Gürtel nur noch Nachteile birgt. Entweder Sie bauen die Scheide so um, dass das Messer auf der linken Seite schräg von vorne nach hinten im Gürtel steckt, oder Sie fertigen die Scheide so, dass Sie diese am Rucksack befestigen können.

Eine Messerscheide lässt sich deutlich bequemer tragen, wenn man sie mit einer zusätzlichen Gürtelschlaufe versieht, die mit einem Ring an der eigentlichen Scheide befestigt ist. Diese, im amerikanischen als „Dangler" bezeichnete Lösung, sorgt dafür, dass die Scheide beim Hinsetzen zur Seite kippen kann und nicht den Gürtel nach oben schiebt.

Eine Messerscheide lässt sich deutlich bequemer tragen, wenn man sie mit einer zusätzlichen Gürtelschlaufe versieht, die mit einem Ring an der eigentlichen Scheide befestigt ist.

Wie hoch sollte eine Gürtelscheide am Gürtel sitzen?

Das kommt darauf an, wie lang die Scheide ist. Ein Messer mit einer Klingenlänge von 15 cm – also für ein Jagdmesser schon sehr lang – und mit einer Gürtelschlaufe am oberen Ende der Scheide ist sehr unbequem zu tragen. Jedes Mal beim Hinsetzen schiebt sich die Scheide nach oben und man muss das Messer irgendwie zur Seite drücken. Das ist sehr lästig. Besonders bei steifem Leder findet die Scheide keinen Platz zwischen dem eigenen Hintern und dem Stuhl. Hier bietet es sich an, die Scheide durch eine separat angenähte Gürtelschlaufe so weit nach oben zu bringen, dass die Spitze nicht mehr auf dem Stuhl anstößt. Damit geht natürlich einher, dass man sich zum Ziehen des Messers ziemlich verrenken muss. Also entweder eine kürzere Klinge nutzen oder den schwedischen Weg einschlagen: Die nordischen Messer mit den entsprechenden Messerscheiden besitzen eine Gürtelschlaufe aus einem sehr flexiblen Lederriemen. So kann die Scheide in alle Richtungen ausweichen und sich am Gürtel auch verschieben. Weiterhin besitzt eine solche Scheide eine Spitze wie bei einem Schnabelschuh, die dafür sorgt, dass die Scheide weggleitet, sobald man sich setzt.

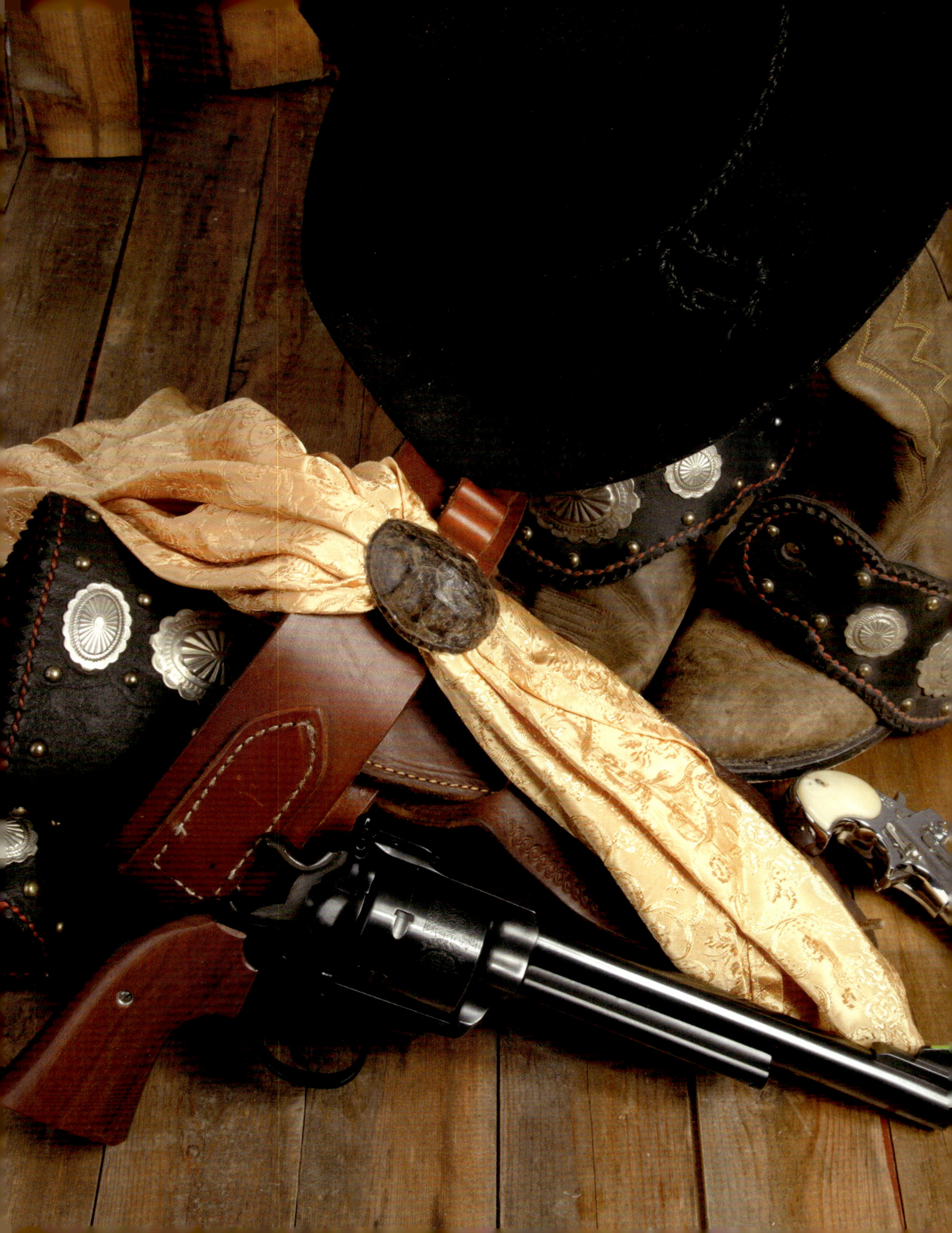

Ein Lederholster nähen

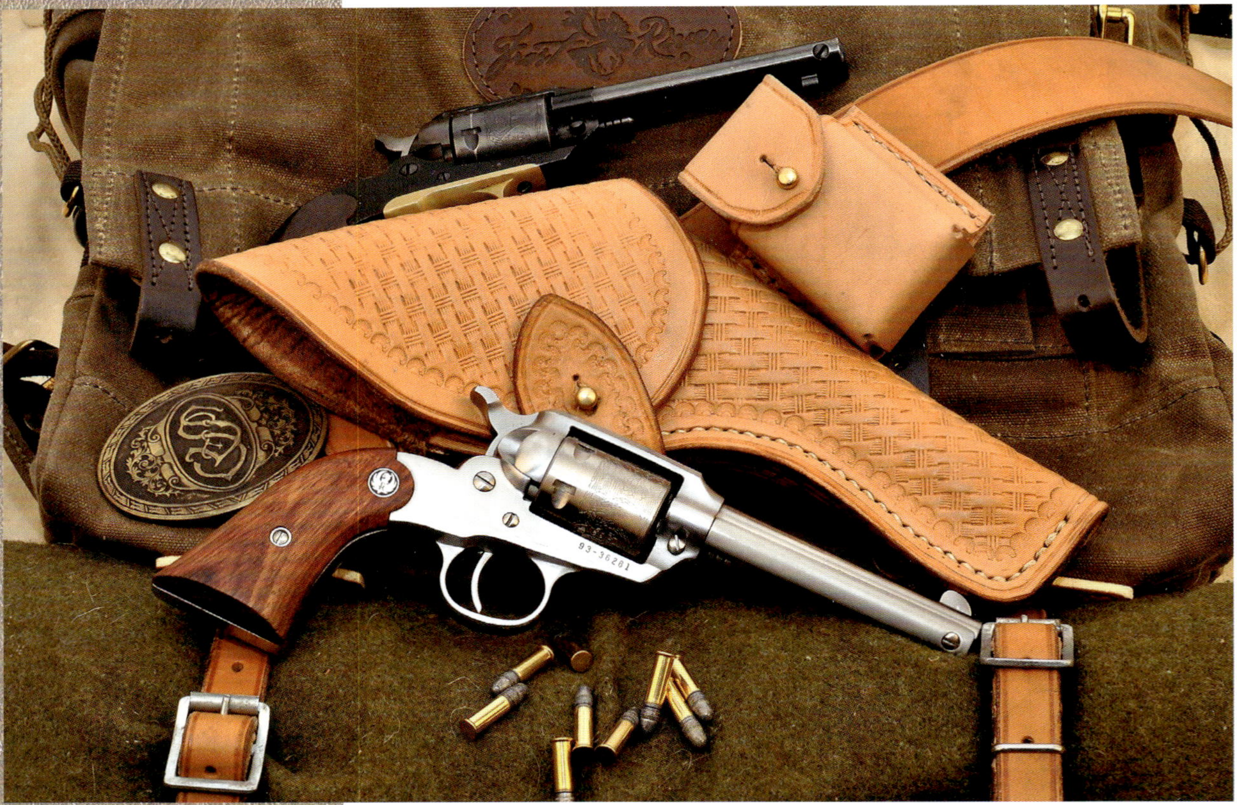

Worauf es ankommt

Ein Holster aus Leder zu nähen ist entweder eine einfache Aufgabe oder eine sehr schwierige, je nachdem, was man von dem Holster erwartet. Die Hauptaufgabe soll natürlich sein, die Waffe sicher festzuhalten und zu schützen. Zum anderen soll es aber auch ein schnelles und flüssiges Ziehen ermöglichen. Ein sicheres Festhalten und Schützen der Waffe heißt viel Leder und eine einfache Konstruktion. Je schneller man ziehen will, desto weniger Leder sollte verwendet werden. Dadurch wird es aber auch schwie-

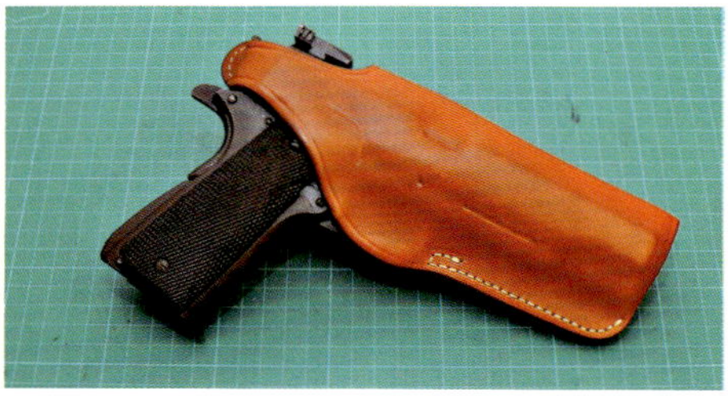

Ein klassisches Schnellziehholster für den täglichen Gebrauch.

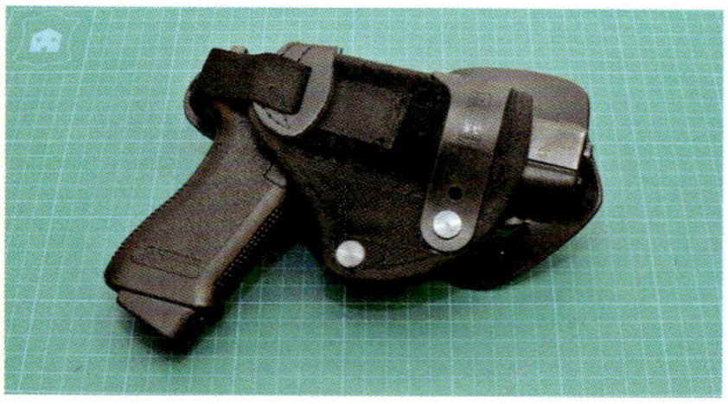
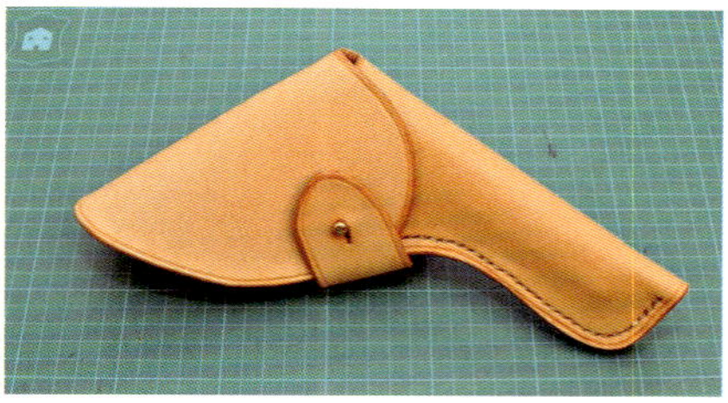

Links: Ein modernes Schnellziehholster für das verdeckte Tragen: Da stößt Leder an seine Grenzen.

Rechts: Ein klassisches Holster für maximalen Schutz der Waffe.

riger, das wenige Leder so zu konstruieren, dass die Waffe noch sicher hält und einigermaßen geschützt ist. Meist stößt dann Leder an seine Grenzen und es werden Materialien wie Metall oder Kydex verarbeitet.

Als Beispiel für die Anfertigung eines Holsters soll hier ein Full-Flap-Holster für einen kleinen Single-Action-Revolver angefertigt werden. Das ist ein relativ einfacher Schnitt mit leicht herzustellender Passform. Der Deckel schließt mit einem Beiltaschenknopf. Ein solches Holster war schon zu Zeiten der Vorderlader-Revolver üblich, um das Schwarzpulver vor Witterungseinflüssen zu schützen. Sie werden über der Bekleidung offen getragen, weil das Zurückklappen des Deckels unter der Bekleidung unmöglich ist. Am Gürtel kann es bei Rechtshändern sowohl hinten rechts vor der Niere als auch auf der linken Seite, mit dem Griff nach vorne, auf der Körpervorderseite getragen werden. Ein Holster auf der linken Seite stört nicht beim Sitzen im Sattel und ist daher als Kavallerie-Holster bekannt. Je nach Trageweise muss die Gürtelschlaufe anders angeordnet werden, denn die Revolver sind in der Regel mit längeren Läufen ausgestattet und dann hilft ein in der richtigen Richtung schräg angesetztes Holster beim Ziehen gewaltig weiter. Da bei mir die rechte, hintere Gürtelhälfte schon mit einem Messer belegt ist, bietet sich die linke Vorderseite geradezu an, zumal man dann mit der Waffe im Holster leichter sitzen kann. Ein weiterer Vorteil für das Tragen an der linken Seite ist, dass die Linke beim Ziehen und Zurückstecken der Waffe mit anfassen kann. An der rechten Seite müssen Sie mit einer Hand, die auch noch den Revolver hält, versuchen, den Deckel aufzuklappen und zurechtzukommen. „Links vorne" erreicht man mit beiden Händen, „rechts hinten" nur mit der Rechten.

Der Revolver sollte im Holster niemals auf dem Lauf aufliegen, sondern immer vorne am Rahmen, kurz vor der Trommel. Dazu muss ein dicker Keder eingenäht werden, der aber ohnehin wichtig ist, damit der Lauf nicht die beiden Lederhälften auseinanderschieben muss, wenn die Waffe in das Holster gesteckt wird. Das nutzt nur die Brünierung ab und klemmt die Waffe unkontrollierbar fest.

Die Gürtelschlaufe sollte nicht zu schmal sein, aber auch nicht zu voluminös, damit das Holster dicht an den Gürtel gezogen wird und wenig Spiel hat. Bei der Höhe der Gürtelschlaufe am Holster müssen Sie einen Kompromiss eingehen: Je höher das Holster sitzt – und je tiefer die Schlaufe angenäht ist – desto bequemer sitzt das Holster, sofern die Waffe kein Übergewicht bekommt. Der Nachteil ist aber, dass man die Waffe dann weiter nach oben ziehen muss, um sie frei zu bekommen. Je weiter oben die Schlaufe sitzt und je tiefer das Holster hängt, desto schlechter trägt es sich. Dafür bekommt man die Waffe mit weniger Armbewegung frei und kann somit schneller ziehen. Die tief sitzenden Holster aus den Western entspringen der Fantasie der Hollywood-Drehbuchschreiber und entsprechen nicht den historischen Vorbildern, die sich im täglichen Gebrauch bei der Arbeit der Cowboys oder Kavalleristen entwickelt haben.

Je weiter oben die Schlaufe sitzt und je tiefer das Holster hängt, desto schlechter trägt es sich.

Maßnehmen

Beim Maßnehmen sollten Sie zunächst mit grobem Packpapier oder einem Hängeregister arbeiten. Ziehen Sie eine Linie, die der Visierlinie der Waffe entspricht und an der später das Leder umgeschlagen wird. Dann zeichnen Sie die Umrisse der Waffe auf die Unterseite des Holsters.

Die Schablone zeichnen Sie am besten auf alte Hängeregister, das ist genau das richtige Material.

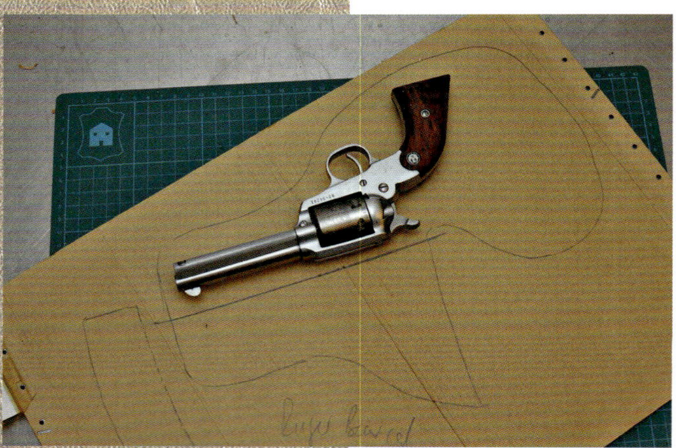

Um die Gürtelschlaufe richtig anzeichnen zu können, halten Sie das Schnittmuster mit der Waffe dort an den Gürtel, wo das Holster später sitzen soll, und ziehen eine Linie mit einem weichen Bleistift entlang der Gürteloberseite auf das Schnittmuster. Daran können Sie sich später orientieren. Genau im rechten Winkel dazu geht die Schlaufe nach unten. Wo diese später ganz genau angebracht wird, das bestimmt das Schnittmuster. Je schräger das Holster sitzt, desto schwieriger wird es, einen

Platz für die untere Naht zu finden, weil die Spitze aus der Lotrechten wandert. Sollten Sie das Holster für einen bestimmten Gürtel fertigen, dann bietet es sich an, die Gürtelschlaufe genau auf diesen abzustimmen und mit untergelegten Lederscheiben diese so aufzufüttern, dass das Holster möglichst wenig Möglichkeiten hat, sich zu bewegen. Es ist manchmal auch hilfreich, das Holster an der unteren Seite, in der der Lauf steckt, breiter als notwendig zu gestalten und so einen Zentimeter mehr Platz für die Gürtelschlaufe zu gewinnen. Kaschieren kann man das mit einer doppelten Naht parallel zu der Naht an der Lederkante.

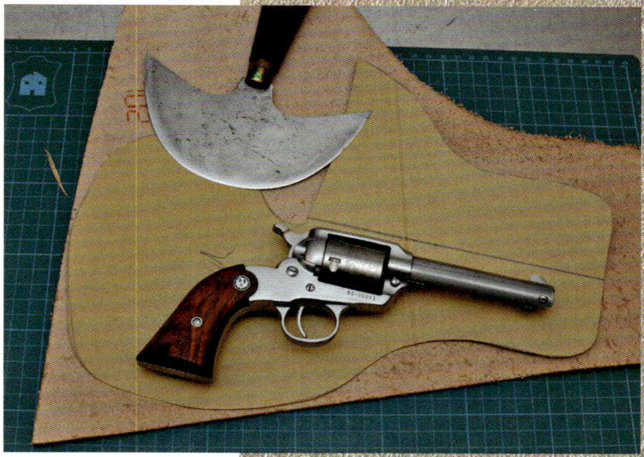

Übertragen Sie die Schablone auf das Leder.

Die Wölbung des Revolvers im Holster macht die Berechnung der Zugabe für die Naht schwierig. Hier sollten Sie zunächst großzügig vorgehen und lieber später einen Zentimeter am Umfang des Holsters wegschneiden, als aus Geiz zu wenig zuzugeben und den kompletten Zuschnitt zu verwerfen, weil er zu knapp ausgefallen ist. Abschneiden geht immer, „dranschneiden" geht nicht. Zu knappe Holster kann man durch einen dickeren Keder retten, aber nur in ganz geringem Umfang.

An der Unterseite des Holsters, wo die Laufmündung liegt, können Sie entweder ein tropfenförmiges Stück Leder einnähen, was aber schon einiges an Können erfordert. Bei dünnen Läufen und genug Abstand zur Naht können Sie es mit einer Zwischenlage in der Naht belassen – das sollte genug Raum schaffen. Auf der Rückseite, am untersten Ende, wird ein Loch eingeschlagen, damit Wasser abfließen kann, oder Sie nähen das Holster unten einfach nicht komplett zu.

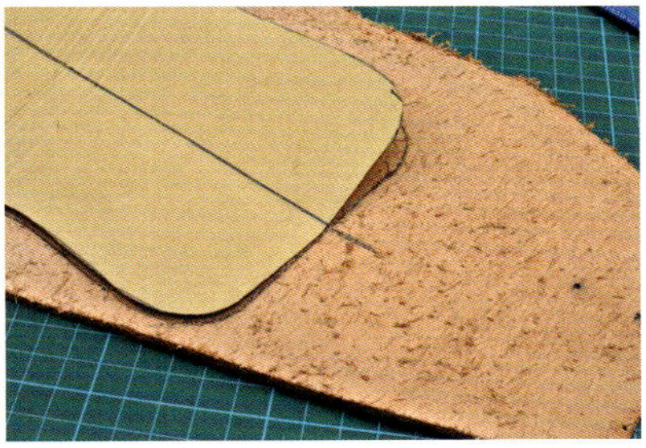

Vergessen Sie nicht, die Mittellinie anzuzeichnen, an der das Leder später geknickt wird.

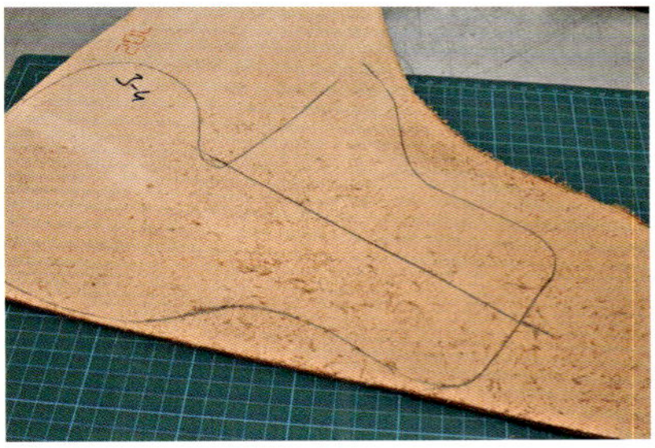

Die Form der Schablone ist übertragen und das Leder kann ausgeschnitten werden.

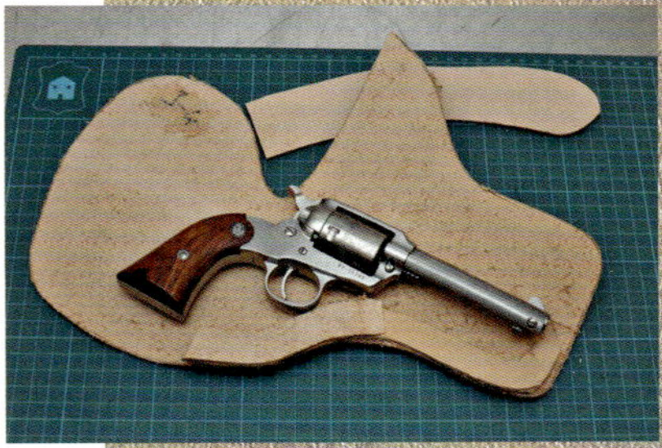

Der Keder ist ausgeschnitten und im oberen Teil gedoppelt.

Das Nähen

Beim Zusammennähen sollten Sie zunächst die Vorderseite bearbeiten und die Kerbe für die Naht anbringen. Dann setzen Sie das Holster mit Nägeln zusammen und probieren die Passform aus. In diesem Zustand können Sie an der Unterseite, die man später nicht sieht, noch Veränderungen durchführen. Wenn Sie die Kerbe für die Naht geschnitten haben, ist es zu spät. Wenn auf der Rückseite nur einige Nagellöcher zu sehen sind, können Sie die Naht noch verschieben. Sobald alles passt und Sie zufrieden sind, werden die Nägel wieder gezogen und die Kerben für die Naht angebracht, der Abstand der Löcher markiert, die wichtigen Kanten bearbeitet und die Gürtelschlaufe angenäht. Je nach Schnittmuster kann es sein, dass das Unterteil des Beiltaschenknopfes nach dem Zusammennähen nicht mehr zugänglich ist, dann muss er mit eingebaut werden. Aus weichem, dünnem Leder schneiden Sie mit einer großen Lochpfeife ein rundes Stück aus und kleben es über den Knopf, falls dieser mit dem Revolver in Kontakt kommen könnte – das vermeidet Kratzer. Je näher er an der Naht sitzt, desto stabiler ist die Sache, mitten auf dem Holster kann es schon sehr instabil werden, wenn das starre Leder des Deckels auf- oder zugeknöpft wird.

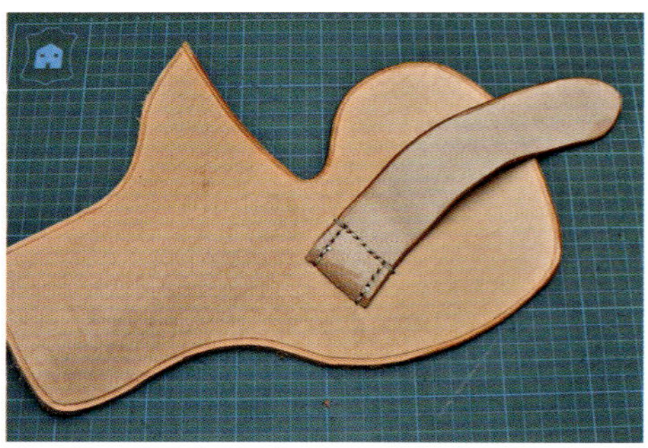

Die Gürtelschlaufe ist vorbereitet und angenäht.

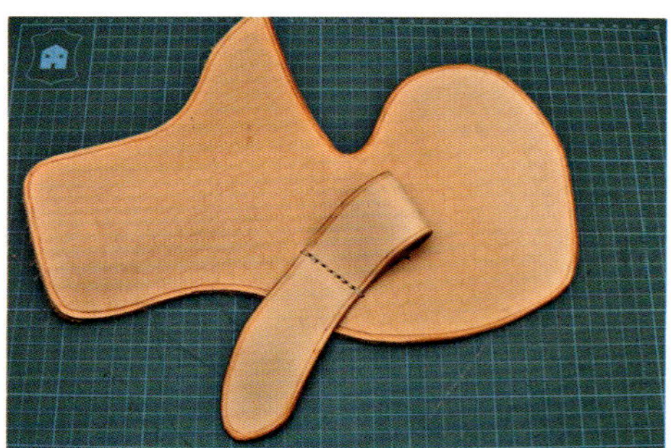

Die Gürtelschlaufe mit der zweiten Naht ist fertig angenäht.

Markieren Sie den Sitz des Knopflochs schon einmal, aber schlagen Sie noch kein Loch in das Leder, das kommt erst zum Schluss, falls die Naht richtig verlaufen sollte.

Zum Zusammensetzen der verschiedenen Teile können Sie sich mit Kontaktkleber helfen, das ist bei solchen großen Stücken auch anzuraten. Die wichtigen Stellen werden zusätzlich mit Nägeln zusammengehalten.

Jetzt folgt das Nähen der großen Naht. Hier sollten Sie mit Ihrem Faden haushalten, nicht dass Sie drei Stiche vor dem Ende mit dem Faden ebenfalls am Ende sind. Die letzten 10 cm des Fadens an der Nadel sollten Sie nicht nutzen. Zum einen ist der Faden dort sehr strapaziert und schon abgenutzt und wenig gepecht und zum anderen brauchen Sie eine gewisse Menge Faden, um die Knoten und Stiche strammzuziehen. Hier sollten Sie nicht an einem Meter Faden sparen.

Wenn Sie an der Ecke des Holsters einen Niet setzen möchten, was nicht die schlechteste Idee ist, dann endet die Naht entsprechend früher. Sie sollten aber in diesem Fall eine ausreichend starke und breite Zwischenlage verwenden, damit der Niet auch genug Platz findet und nicht etwa das Nietloch den Keder durchschneidet und der Nietkopf über den Rand reicht und im schlimmsten Fall abgeschliffen werden muss. Über den Nietkopf hinaus sollte also immer noch etwas Leder am Rand überstehen. Der letzte Stich kann aber unter dem Nietkopf verschwinden.

Sobald die Naht fertiggestellt ist, gehen Sie mit dem Rädchen noch einmal über die Stiche, um diese nach unten zu drücken und zu egalisieren. Mit dem Schustermesser schneiden Sie die überstehenden Lederstücke glatt ab. Bei solchen dicken und langen Kanten hilft ein Bandschleifer, die Lederlagen plan zu schleifen. Mit einem feinen Band wird die Kante geglättet. Dann brechen Sie die Kante mit einem Kantenzieher und bearbeiten sie weiter, wie das an anderer Stelle ausführlich beschrieben wurde.

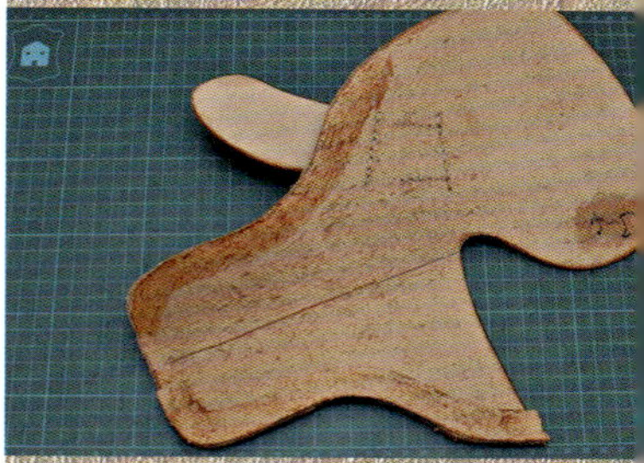

Der Keder wird ein- und das Holster dann zusammengeklebt.

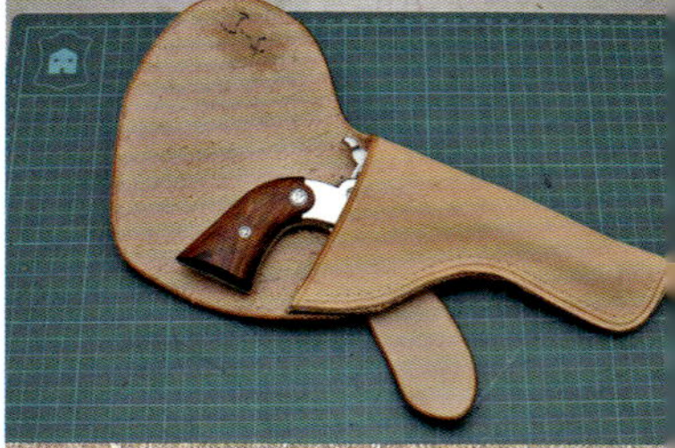

Jetzt können Sie das Holster das erste Mal anprobieren, die Naht ist schon vorbereitet.

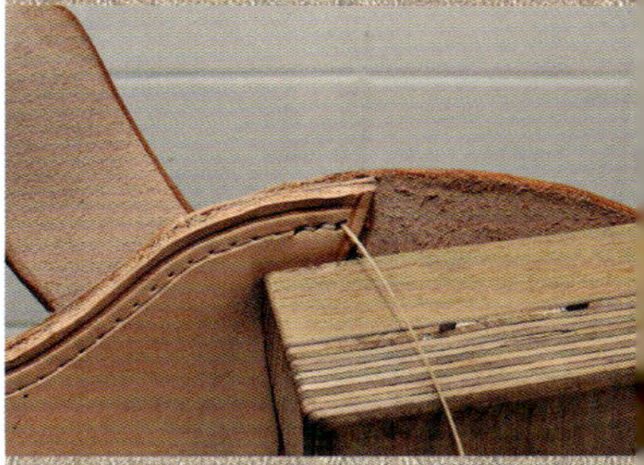

Die ersten drei Stiche nähen Sie zunächst zurück, das ist haltbarer.

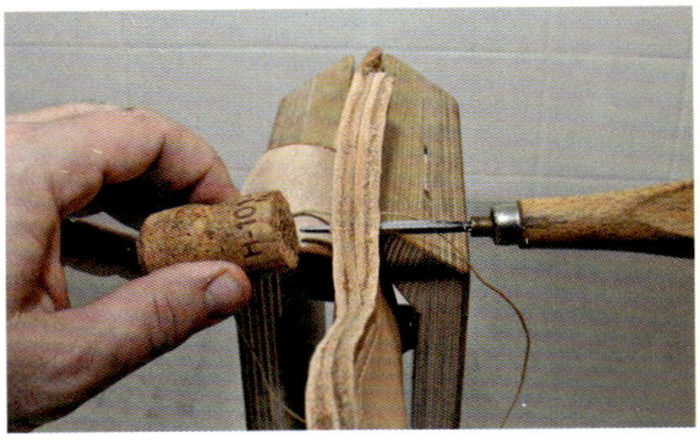

An manchen Stellen lässt sich das Holster schlecht einspannen. In solchen Fällen halten Sie beim Stechen mit einem Sektkorken dagegen.

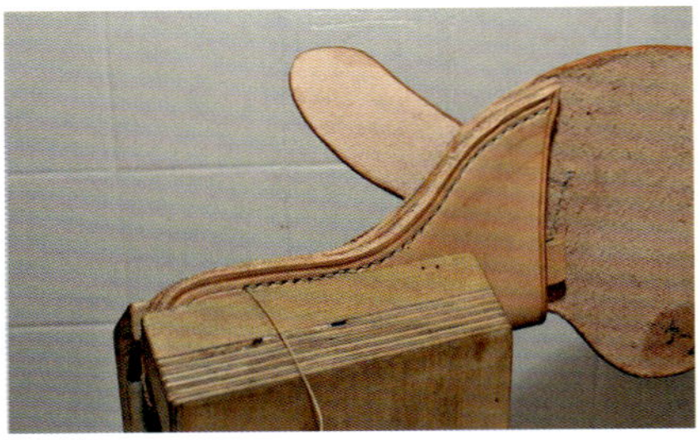

An den geraden Stellen geht das Nähen flott von der Hand.

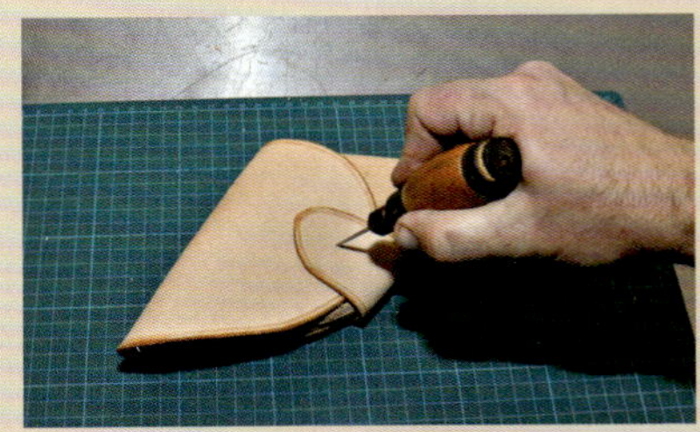

Markieren Sie den Sitz des Verschlusses mit einer Ahle, aber stechen Sie nicht durch alle Lederlagen.

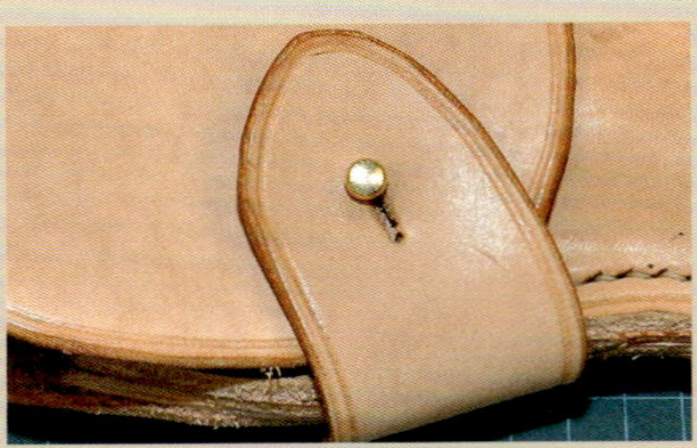

Der Beiltaschenknopf wurde eingesetzt und das Holster passt perfekt.

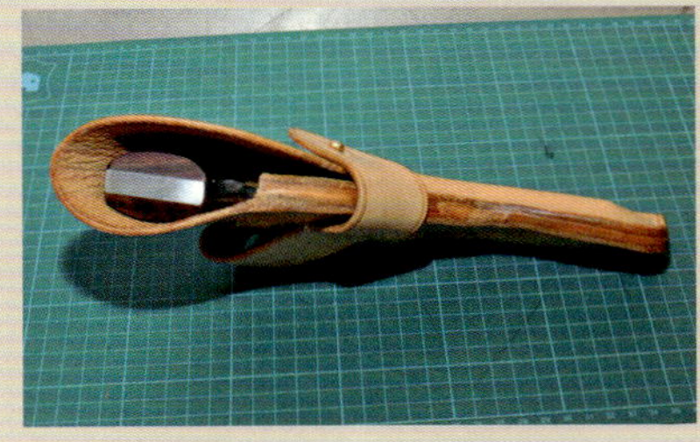

Die Kante ist fertig bearbeitet.

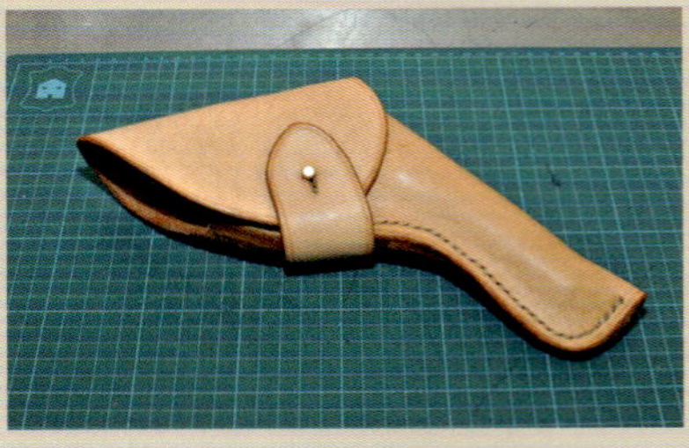

Das fertige Holster mit der bearbeiteten Kante.

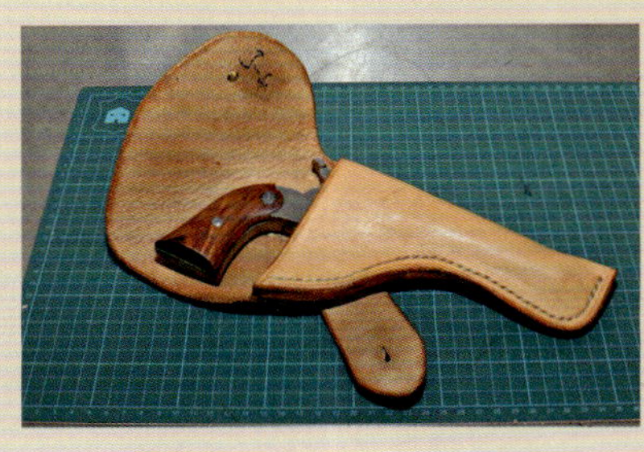

Die Waffe sitzt fest, sicher und ist gut geschützt.

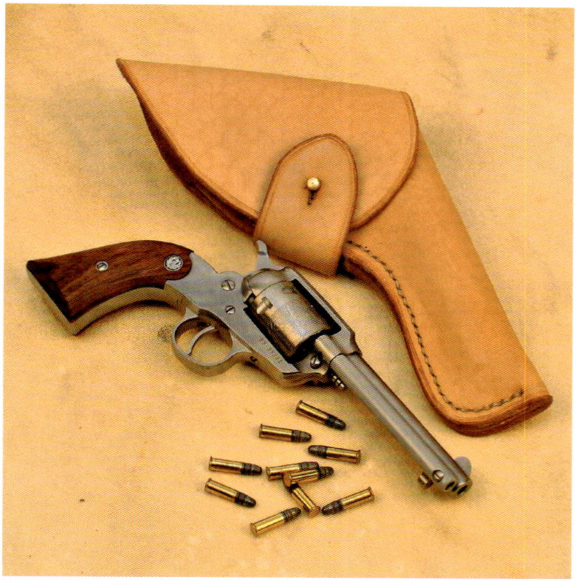

Nassformen

Ein Holster hat nach dem Nähen noch nicht die optimale Passform. Bei Messern, die eher flach sind, reicht einfaches Zusammennähen meist aus, bei Revolvern aber nicht. Sie müssen das Leder im handwarmen Wasser einige Sekunden einweichen, um es weich und flexibel zu bekommen. Das Wasser soll nur in die äußeren Schichten eindringen und nicht das komplette Leder durchdringen. Dann umwickeln Sie den Revolver mit Frischhaltefolie, um ihn vor der aggressiven Gerbsäure zu schützen, und stecken ihn in das Holster. Meist rutscht er dann doch etwas tiefer, als man das möchte, und das Knopfloch würde nicht mehr passen. Drücken Sie das Leder an den Revolver, insbesondere unter der Trommel, dort, wo die Waffe später auch aufliegen soll. Hier geht es nur darum, das Leder etwas an die Waffe anzudrücken, nicht die Kannelierungen der Trommel auf der Narbenseite des Leders auszuarbeiten. Das wäre für den sicheren Sitz eines Schnellziehholsters wichtig, ist hier aber kontraproduktiv. Mit der Waffe im Holster lassen Sie dieses einen Tag lang trocknen. Überprüfen Sie dann, ob die von der Frischhaltefolie befreite Waffe sicher im Holster sitzt und nicht wackelt. Dann prüfen Sie, ob das Knopfloch noch an der richtigen Stelle sitzen würde, korrigieren Sie es gegebenenfalls, und schlagen das große und kleine Loch und verbinden es mit einem sauberen Schlitz.

Die Kanten werden nochmals nachgearbeitet und das Holster innen und außen leicht gefettet. Schon ist Ihr erstes selbstgemachtes Holster fertig und wird Sie jahrelang treu begleiten.

Bei Messern, die eher flach sind, reicht einfaches Zusammennähen meist aus, bei Revolvern aber nicht.